IDÉES VÉCUES

DU MÊME AUTEUR

Structures génétiques des populations, Masson, 1970.

Distances généalogiques et distances génétiques
  Thèse de doctorat – Toulouse, 1972.

Les Probabilités, P.U.F., 1974.

The Genetic Structure of Populations, Springer Verlag –
  New York, 1974.

Génétique des populations humaines, P.U.F., 1974.

L'Étude des isolats – espoirs et limites (ouvrage collectif),
  Éditions Ined, 1976.

Concepts en génétique des populations, Masson – Paris,
  1977.

Éloge de la différence – la génétique et les hommes
  Éd. du Seuil, 1978.

Au péril de la science ? Interrogations d'un généticien, Éd. du
  Seuil, 1982.

Moi et les autres, Éd. du Seuil, collection Point Virgule,
  1983.

Inventer l'homme, Éd. Complexe, collection le Genre
  Humain, 1984.

L'Héritage de la Liberté, Éd. du Seuil, collection Science
  ouverte, 1986.

Les scientifiques parlent..., (ouvrage collectif) – Hachette,
  1987.

5 milliards d'hommes dans un vaisseau, Éd. du Seuil, collection Point Virgule, 1987.

Abécédaire de l'ambiguïté, Éd. du Seuil, collection Point Virgule, 1989.

Moi, je viens d'où ? (avec Marie-José Auderset), Éd. du Seuil,
  collection Petit Point, 1989.

L'Intelligence, c'est quoi ? (avec Marie-José Auderset), Éd.
  du Seuil, collection Petit Point, 1989.

Albert JACQUARD
avec la participation de
Hélène AMBLARD

IDÉES VÉCUES

FLAMMARION

© Flammarion 1989
ISBN : 2-08-081244-0
Imprimé en France

A Alix, grâce a qui je peux dédier ce livre à Bertrand, Pierre, Benoît, Julien, Béryl, Sarah, Aurore, Chloé, Marion, Nathan..., leurs futurs enfants, et petits-enfants, qui, le lisant, découvriront que leur ancêtre plus ou moins lointain était, comme eux, un être fait de chair, de sang, d'angoisse, d'espoir et d'amour.

Un petit garçon de neuf ans, allongé sur un lit d'hôpital; la chambre est réservée à ceux qui vont mourir. Le journal local rapportant l'accident l'a cité parmi les victimes. A côté de lui, sa grand-mère agonise lentement; il entend ses râles. Il a soif. Il souffre dans son corps, dans sa tête, dans son cœur.

Dans les couloirs de l'hôpital, des pas, des voix résonnent. Il a de plus en plus soif; il appelle; personne ne vient vers lui...

Tout au fond de moi, je découvris ce jour-là la force et la fragilité de la vie. La vie, la mort, la solitude, l'incertitude, la rage de ne pouvoir atteindre tous ces possibles entrevus.

« La mort n'a pas voulu de moi. » J'ai vécu avec le sentiment d'une seconde chance accordée, harcelé par la tension de l'urgence. Il fallait « réussir ». Réussir quoi ?

Je me réfugiai dans la réussite scolaire; je devins un polytechnicien, un ingénieur. J'ai effectué ce premier parcours sans véritable maîtrise; sans trop me préoccuper de lui donner un sens, un objectif plus lointain. Une série de paris successifs. Il me fallait vaincre des défis. Quels éléments m'auraient permis de choisir ? Ma rage ne savait pas qu'elle pouvait devenir force.

Peu à peu, les événements, les situations, et surtout

9

les rencontres ont modifié la vision farouchement individualiste qui m'a longtemps fait sauter, en aveugle, d'étape en étape. J'ai compris les liens, la force, la richesse du partage, de l'adhésion à un projet commun.

A certaines phases, où j'ai respecté les balises, suivi le parcours imposé, ont succédé d'autres moments où j'ai parfois choisi, parfois subi des bifurcations. Le chemin n'est pas achevé qui m'a conduit de l'affirmation du « moi je » à la conscience de ce qui m'unit à tous ceux qui peuplent la Terre.

I

BALISE

Deux familles jurassiennes

Depuis plusieurs générations, la famille Fourgeot bénéficiait d'une solide aisance bourgeoise. Les fermes et les forêts disséminées sur le haut plateau du Jura autour de Champagnole assuraient des revenus qui permettaient de se lancer dans le commerce ou même dans la banque. Les membres de cette famille consacraient l'essentiel de leur énergie à de farouches querelles d'héritage. La moindre inégalité dans le partage d'un terrain était prétexte à des brouilles sans fin. Les parents, les oncles, les tantes de Marie-Louise Fourgeot, ma mère passèrent ainsi leur vie en d'âpres disputes qui segmentaient la famille en clans violemment opposés. L'objet de ces haines était un droit sacré devant lequel tout s'efface, même l'affection : le droit de propriété.

Le dénouement de ces batailles avait pourtant peu d'importance : à la génération suivante, Marie-Louise était l'unique héritière. Sa première sœur avait été victime, toute jeune, d'un accident de ferme, la seconde avait succombé à une de ces maladies « de langueur » qui camouflaient la tuberculose. A dix-huit ans, elle se retrouva orpheline, seule survivante d'un groupe familial jadis nombreux et animé. Belle jeune fille au regard bleu profond, elle vécut de son double héritage : ses propriétés à gérer et la bonne éducation reçue dans un pensionnat suisse, à Vallorbe.

Pour nous montrer l'évolution des mœurs, qui la chagrinait, elle nous racontait parfois des épisodes de son enfance. Les Quatorze-Juillet : ce jour-là, toute la famille s'enfermait dans la maison, volets clos, et priait pour le repos de l'âme de Louis XVI, tandis que, dans les rues, la populace défilait en agitant des drapeaux révolutionnaires bleu, blanc, rouge.

Que pouvait être alors la vie quotidienne d'une jeune Champagnolaise assez isolée ? Sans doute participait-elle aux petits événements de la bonne société ; mais, surtout, elle avait un refuge, son amour-passion pour la musique ; son ami de tous les instants était son piano.

Autre milieu. Mon grand-père paternel, Joseph Jacquard, était tailleur à Besançon. Il avait épousé Marie, fille de petits paysans jurassiens. Il s'était spécialisé dans les vêtements ecclésiastiques. On ne comptait pas alors, en cette fin du XIXe siècle, les abbés, les curés et les chanoines au siège de l'archevêché ; et eux-mêmes ne comptaient guère lorsqu'il s'agissait de commander soutanes et douillettes. Dans l'atelier de mon grand-père, plusieurs ouvrières cousaient pour ces messieurs. Les affaires allaient rondement ; elles permettaient d'élever les six enfants sans trop de problèmes financiers. Une famille d'une taille bien ordinaire dans cette Franche-Comté catholique, où les couples savent que le but du mariage est de donner le plus possible d'âmes à Dieu.

Puis c'est le gouvernement Combes qui décide, en 1902, de séparer l'Église et l'État. Finies les commandes. Le coup fut rude : presque la ruine, en tout cas la gêne. Bien longtemps après, l'évocation de l'abominable « petit père Combes » n'était guère empreinte de charité chrétienne : un effroyable socialiste, suppôt des francs-maçons, dévastateur de la religion, destructeur de la France et des bonnes mœurs.

Joseph et Marie firent face au bouleversement ; le fils aîné put continuer ses études et devenir médecin. Le deuxième, François, mon père, plein d'ardeur et, j'imagine, d'ambition, préparait l'École normale supérieure.

Il voulait être un scientifique. Faute d'argent, le rêve se brisa net. Obligé de gagner sa vie, il passa le concours de la Banque de France. Il s'engageait dans une carrière non choisie et qui ne l'intéressait pas. Une page tournée, avec un regret qui resta toujours vif, sur toute une partie de lui-même.

Pour ses trois sœurs, la voie était toute tracée; munies d'un brevet supérieur, elles seraient d'excellentes institutrices dans l'enseignement libre, en attendant l'éventuel mariage.

Quant au troisième fils, il passa directement de l'école à l'armée et disparut un jour dans la boue de Verdun, sans laisser la moindre trace. J'ai revu récemment la carte postale qui avertit sa famille; une carte de sa mère, pleine d'inquiétude et d'amour, retournée à l'envoyeur par le vaguemestre avec cette simple mention apposée par un tampon : « Le destinataire n'a pu être joint. » Leur enfant était « mort pour la France », c'est ainsi que les parents l'apprenaient.

Pour mon père, la guerre de 14-18, « la » guerre, sera le grand moment de sa vie. Il terminait les trois années de service militaire de la « classe 11 » lorsqu'elle se déclara. Au total, sept années, sans interruption, sous les drapeaux. Bien sûr, il détestait cette guerre qu'il avait faite comme lieutenant puis capitaine d'une batterie d'artillerie; il espérait bien qu'elle serait la dernière, qu'Allemands et Français pourraient fraterniser. Mais, dans les combats de la Somme et de Verdun, il avait vécu des moments exaltants. Avec « ses » hommes, il fallait tenir : ils avaient tenu. Vingt ans plus tard, nommé à la succursale de la Banque de France de Soissons, il nous emmenait dans les collines des environs à la recherche des emplacements où il avait installé sa batterie. Chaque accident de terrain, chaque ravin était pour lui chargé de sens. Étonnés, nous ressentions dans ses évocations comme une nostalgie de ces années terribles, où il avait vingt ans et savait pourquoi il vivait.

Après la victoire, François Jacquard, décoré de la Légion d'honneur pour faits de guerre, fonctionnaire de la Banque de France, sympathique, catholique, désargenté, arrive dans la bonne ville de Pontarlier, non loin de Champagnole. Les dames de la société bourgeoise ne furent pas longues à imaginer un rapprochement avec la jeune fille distinguée vivant seule dans sa musique. Ce serait le couple idéal. Les marieuses de province agirent avec efficacité.

Marie-Louise aperçut François pour la première fois à l'église. « Vous regarderez le monsieur qui sera au premier rang à gauche. » Lui était prévenu : « Vous remarquerez une jeune fille au troisième rang à droite. » Et leurs regards se croisèrent. Un miraculeux hasard les réunit quelques jours plus tard, invités tous deux à un thé chez une dame amie; puis...

Une enfance sans histoires

Au fil des changements de poste de mon père, Pontarlier, Lyon, Beaune, Mâcon..., la famille s'agrandit. Une fille d'abord, Isabelle, puis Albert, Jean et Michel. Une « famille » au sens ancien du mot, incorporant, du côté paternel, des tantes, des grands-parents, très proches, attentifs, d'un amour débordant.

Mes plus lointains souvenirs datent de Mâcon : des réunions de famille fréquentes, des jeux animés dans la grande cour du vieil immeuble près de la Saône, quai Jean-Jaurès, le lycée Lamartine où je suis heureux d'aller en classe. Au plus profond de ma mémoire, je me vois dévoré par une soif de lecture : tout ce qui était imprimé me fascinait. Si l'on me cherchait, on était sûr de me trouver, allongé sur le parquet, plongé dans un écrit quelconque. Je lisais tout et n'importe quoi : mes livres de classe (quel bonheur, en octobre, que de recevoir la collection de manuels pour l'année scolaire!), le journal de mon père, les almanachs ou les notices de produits d'entretien. Dans mon souvenir, quelques lectures se détachent, celles qui évoquent les étoiles, l'espace, l'univers; ainsi les livres de l'abbé Moreux : *D'où venons-nous? Qui sommes-nous? Où allons-*

nous? Une vulgarisation assez primaire, cloisonnée, partielle. Certains sujets y étaient délibérément occultés : la procréation et ses mystères étaient du nombre. Mais cela nourrissait mes rêves, m'apportait le bonheur d'appartenir à un univers merveilleux. Dieu avait vraiment bien fait les choses ; il suffisait de lui obéir pour participer à son œuvre.

Pourquoi ai-je gardé, précis et dur comme un diamant, un souvenir de révolte ? Un événement pourtant bien dérisoire. Madame A., la maîtresse de notre classe de huitième, nous faisait répéter, pour les fêtes de Noël, *Mon beau sapin*. Les petites voix s'élevaient à peu près à l'unisson, mais l'une d'elles était tout à fait discordante. Madame A., fort mécontente, chercha le coupable. Des petits camarades me désignèrent, moi ! Malgré mes protestations, je fus écarté : « Albert Jacquard, puisque vous chantez faux exprès, vous ne serez pas dans la chorale le jour de la fête. » Ce jour-là, sur mon banc dans le public, je regardai les autres sur la scène, bouillonnant de colère. Aujourd'hui encore, je jure que c'était une injustice inadmissible.

En somme, j'étais un enfant plutôt gâté, à qui n'arrivaient que d'infimes malheurs. Tout à coup survint le grand.

La mort en face

Une voiture roule sur la route Mâcon-Lyon. C'est le 1er janvier 1935. Les rails du tramway dépassent de la chaussée rendue glissante par la pluie. Un choc terrible : voiture et tramway se percutent de face.

Mon petit frère Michel, cinq ans : mort sur le coup.

Mon grand-père Joseph : mort à l'hôpital le lendemain.

Ma grand-mère Marie : morte le surlendemain.

Et moi qui survivrai, interrompant la liste.

Pour ceux qui restent, le monde bascule. Désormais, notre histoire sera partagée en deux périodes : avant et après l'accident. Ce qui emplissait les jours semble maintenant insignifiant. Chacun doit entreprendre une longue reconquête de ses raisons de vivre.

Comment mes parents pouvaient-ils accepter que la « fatalité » leur arrache un enfant de cinq ans? Ma mère s'efforcera de chercher une consolation dans les rites et les formules de la religion. Pour mon père, la révolte sera trop profonde. Je ne peux évoquer sans une horreur qu'il devait partager ces images pieuses par lesquelles on annonce les événements familiaux : il y en a pour toutes les circonstances. Pour la mort d'un enfant, cette abominable formule : « Vous nous l'aviez donné, Vous nous l'avez repris, que Votre saint nom soit béni. » Comment pardonner aux marchands de bondieuseries qui osent ainsi ajouter à la torture de parents foudroyés?

Moi, j'avais vu la mort de près. Il me faudra beaucoup de temps (toute une vie peut-être) pour dépasser les séquelles du drame. D'abord retrouver la santé. Malgré les opérations qui remettront à peu près en place les morceaux de moi écrasés ou déplacés, je garderai le sentiment de n'être pas « comme les autres ». A quoi ressemble-t-elle cette tête que chacun peut voir et que je ne reconnais pas comme mienne, que je n'aime pas?

Les cours de récréation sont de terrifiantes arènes; malheur à qui est moins costaud ou sur qui le regard des autres plante une étiquette comme une banderille! On n'est pas tendre à dix ans! Tout quolibet me frappait comme une insulte, qui restait là, impossible à oublier, à accepter, à venger. Je voyais en chaque camarade un possible agresseur. Heureusement, Jean, mon frère, était souvent là. Plus jeune que moi de deux ans, mais solide et sans peur : mon protecteur. Dans les bagarres à la sortie, il arrivait à point, provoquant la débandade de mes adversaires.

J'ai commencé mes études secondaires au collège de Soissons, ville où mon père avait été nommé. Je n'étais guère en état de beaucoup travailler, les bulletins scolaires étaient plutôt mauvais. En fait, je me traînais en queue de classe. Pas dernier : un excellent garçon, B., le seul camarade de cette époque dont je me souvienne, monopolisait la place. Disons avant-dernier. Ce n'était pas un drame et ne m'empêchait pas de passer régulièrement dans la classe suivante. Je suppose que les psychologues scolaires ne sévissaient pas encore à l'époque ; le mot « surdoué » n'avait pas été inventé ; on ignorait les notions de redoublement, de sélection, d'orientation, de « don ».

Seuls fréquentaient le collège les enfants de la bourgeoisie locale, d'où des classes très homogènes. Les enfants d'ouvriers ou de petits commerçants allaient à l'école primaire supérieure pour préparer le brevet. Les bâtiments du collège et ceux de l'EPS étaient mitoyens ; les élèves ne pouvaient pas ne pas se croiser, et pourtant, il n'y avait jamais le moindre contact. Autre humanité, autre destin. Une évidence non contestée.

J'avais constitué une bulle où je pouvais m'enfermer avec mes lectures ; un univers personnel parfois douloureux mais pas malheureux. Les livres étaient mon seul véritable contact avec le monde, que je n'étais pas loin d'assimiler à une bibliothèque. Je lisais chaque volume avec voracité, fébrilité ; d'autres m'attendaient ; pas de temps à perdre.

Tous les jeudis je courais à la bibliothèque municipale et y passais l'après-midi. Installée dans un vieux bâtiment derrière l'église Saint-Léger désaffectée, elle était pour moi un lieu merveilleux ; je pouvais m'y isoler comme dans un oratoire. Je n'ai pas oublié les odeurs mêlées d'encaustique et de papier, les bruits assourdis, le calme chaud de la vaste salle lorsque, dans les rues, tombait la nuit d'hiver. De rayon en rayon, je choisissais les quelques livres à emporter ; ils seraient mon trésor de la semaine. Choix difficile ; les secrets de l'univers étaient enfermés derrière ces reliures de toile sagement alignées. Il suffisait de les ouvrir et de lire.

J'ai goûté là le bonheur que doit ressentir le sauteur à la perche durant sa course d'élan. Seul face à ces livres, j'étais entouré d'amis. J'en avais besoin, et j'en connaissais si peu ailleurs. Les « autres », si agressifs lorsqu'on les rencontre dans une cour de récréation ou sur un trottoir, deviennent si aimables, si bienveillants lorsqu'on les rencontre dans un livre. Face aux choses, aux hommes, aux mots entendus, je ne pouvais avoir que crainte ; je savais d'expérience le mal qu'ils peuvent faire. Mais, face aux mots écrits, imprimés, j'avais confiance. Ils me fournissaient une cuirasse ; je n'imaginais pas qu'un jour ils me fourniraient une arme.

Cocon

Les événements extérieurs, en France ou à l'étranger, me concernaient bien peu. La famille n'écoutait guère la TSF. Le principal apport d'informations, peut-être l'unique, était *L'Illustration* hebdomadaire. Je la lisais avec une faim avide. La moindre photo, le moindre article me mettait en contact avec la réalité d'une humanité qui, au loin, se transformait. Mon père faisait soigneusement relier cette revue par trimestre, et je m'intéressais aux vieux volumes relus pour la dixième fois autant qu'au dernier numéro. Je passais des heures à me repaître d'une actualité parfois vieille de plusieurs années. Je ne prenais pas garde à la sélection des événements et à leur présentation horriblement biaisée. Les cérémonies militaires, les obsèques nationales des grands chefs de la guerre de 14-18, les inaugurations de monuments aux morts avaient un traitement privilégié ; les mouvements sociaux tenaient beaucoup moins de place.

Avec quelle passion je suivis les journées quasi révolutionnaires de février 1934 telles que les racontait *L'Illustration* : la juste révolte, le 6 février, des organisations d'anciens combattants et des ligues patriotiques contre le gouvernement de gauche dirigé par Édouard Daladier ; les charges scandaleuses de la Garde républicaine contre une foule pacifique, dans laquelle s'étaient mêlés quelques éléments troubles : « J'en ai vu qui promenaient un drapeau rouge », écrivait le reporter de *L'Illustration*; la victoire du parti de l'ordre et la constitution d'un ministère d'Union nationale autour de Gaston Doumergue (avec pour ministre de la Guerre le maréchal Pétain). Tout cela était décrit en détail, photographies, schémas et dessins à l'appui : quinze pages! Quant à la manifestation « socialo-communiste » du 12 février, elle n'eut droit qu'à une photo et quelques lignes en dernière page. Images et textes ne laissaient aucune ambiguïté : le bon droit était dans un camp, la perversité dans l'autre.

Mon esprit critique commença à s'éveiller à propos de la guerre d'Espagne. On en parlait beaucoup à la maison. Là aussi, le bien et le mal étaient clairement définis. D'un côté les anarchistes et les communistes, un ramassis d'individus sans foi ni loi, regroupés dans le *Frente popular*, qui tentaient de détruire la civilisation chrétienne. Ils tuaient les bonnes sœurs, exhumaient les cercueils dans les cimetières des monastères; les photos de *L'Illustration* montraient assez de quelles horreurs ils étaient capables. De l'autre, des troupes disciplinées qui s'efforçaient de rétablir l'ordre.

Les bons allaient, bien sûr, l'emporter sur les mauvais. Mais ces « bons » ne paraissaient capables de gagner que grâce à l'aide de Mussolini et de Hitler. Or, Hitler représentait une menace puisque la France s'apprêtait à se défendre contre lui. Notre ennemi désigné venait, avec efficacité, aider les bons Espagnols défenseurs de la chrétienté. Voilà qui rendait les choses plutôt confuses.

Je n'ai pas souvenir d'avoir alors entendu prononcer le mot « fascisme ». La lutte opposait le communisme et ses alliés à la civilisation occidentale; dans mon esprit, Franco était un officier chrétien, non un fasciste. J'étais d'ailleurs loin de saisir la signification de ce mot.

Les discussions s'enflammaient parfois entre mon père et ses amis. Certains insistaient sur la collusion Franco-Hitler et ne se réjouissaient guère de la victoire probable du camp nationaliste; d'autres, obsédés par l'alliance URSS-républicains, souhaitaient avant tout voir s'éloigner le danger bolchevique. Je comprenais que l'espoir n'était pas clairement défini.

Pas si drôle

Septembre 1939. Autour de moi, il ne se passe rien. La vie continue comme avant la déclaration de guerre. Dans nos esprits, guerre signifie bataille ; en août 1914, les troupes allemandes étaient à quelques dizaines de kilomètres de Paris un mois après le début des combats. Cette fois, rien ne se produit. Nous constatons, étonnés, que déclarer la guerre n'est pas faire la guerre ; sinon pour les Polonais, peuple si lointain. Curieusement, au mot « guerre » est alors accolé l'adjectif « drôle ». Bien sûr, « drôle de guerre » signifie une guerre pas comme les autres, mais la drôlerie de l'affaire n'est pas évidente. Quelques mois d'une morne attente dont on souhaite qu'elle se prolonge le plus longtemps possible. Personne ne doute du dénouement. « Nous vaincrons parce que nous sommes les plus forts », proclament des affiches collées sur tous les murs ; preuve de cette supériorité : une carte du monde où la France et la Grande-Bretagne avec leurs immenses empires coloriés en rose s'étendent infiniment plus que l'Allemagne et l'Italie recouvertes de noir.

Le 10 mai, le réveil est brutal. Tout change d'aspect. Des avions survolent Soissons ; ils sont tous allemands et lancent quelques bombes, sans grands dommages. Une semaine plus tard, la ville est submergée de soldats français en débandade, ne sachant où aller, errant sans officiers, la plupart sans fusil, hagards. L'armée dirigée par le général Corap a reçu à Sedan le coup de boutoir des panzerdivisions ; elle s'est effondrée. En quelques jours, toute structure de commandement a disparu ; les états-majors de tous niveaux se sont volatilisés. Sans consignes, sans autre objectif que d'échapper au cauchemar, les soldats s'enfuient vers l'ouest.

Les premières vagues arrivées à Soissons provoquent la stupeur. Comment l'armée française, la meilleure de toutes, peut-elle être dans cet état ? Une seule explication : « Nous sommes trahis. »

L'espionnite se répandit d'autant plus facilement que les soldats en déroute furent bientôt suivis par le défilé des populations civiles de Belgique et du Nord fuyant l'avance des troupes allemandes. Après la « débâcle » venait l' « évacuation ». Dans cette foule, des espions allemands se seraient-ils glissés ?

Je me souviens de l'arrivée chez nous de deux bonnes sœurs encadrées par les gendarmes. Elles avaient fui devant la foule qui leur trouvait un air masculin et s'apprêtait à leur faire un mauvais sort : des espions. Il fallait vérifier ; les gendarmes qui les avaient arrêtées ne pouvaient le faire eux-mêmes ; ils venaient demander à maman de s'en charger. Elle n'en menait pas large ; mais l'affaire se déroula sans incident. Il s'agissait réellement de deux honnêtes religieuses, belges et à moustache.

Quelques jours plus tard, l'ordre vint de Paris : tout le personnel de la banque devait se replier, participer à l'exode collectif. A chaque étape, nous pensions toucher au but ; le front allait certainement se stabiliser, l'avance allemande être arrêtée. A Vernon, puis à Rennes, inscrits au lycée, nous avons assisté à quelques cours ; mais, trois jours plus tard, il fallut reprendre cette course étrange. Elle s'arrêta à Bordeaux, où les Allemands arrivaient en même temps que nous.

Je garde de ces quelques semaines un souvenir fort peu tragique. Le petit groupe familial restait soudé ; nous traversions avec curiosité, sous un magnifique ciel d'été, des paysages encore jamais vus ; nous découvrions la mer. La guerre et ses horreurs restaient un concept abstrait. Lorsque pour la première fois, je vis des soldats allemands dans les rues de Bordeaux, ils déambulaient en regardant les vitrines, sans la moindre agressivité. Ils n'avaient rien de guerriers redoutables, à peine des occupants ; des soldats « corrects ». L'opposition entre nos deux pays n'aurait-elle été qu'un malentendu ?

Dans l'effondrement de toutes les certitudes, une voix calme, un peu chevrotante certes, redonnait espoir. Pétain avait sauvé la France en 1917; son patriotisme ne pouvait être mis en doute. Mon père, qui avait combattu à Verdun, retrouvait le chef qu'il avait tant admiré. Le chemin du devoir était tout tracé : suivre ses consignes.

Il a fallu bien des semaines pour apprendre qu'un général proposait, sans doute par ambition personnelle et contre tout bon sens, de continuer la lutte. Il parlait depuis Londres où il s'était enfui. N'était-ce pas encore un coup des Anglais? Ces Anglais avec qui il est plus difficile encore de s'entendre qu'avec les Allemands. Je n'ai pas souvenir d'avoir vu en eux des nazis...

Un « bon élève »

Nous regagnons Soissons. J'ai quinze ans. La vie reprend son cours presque comme avant. Quelques restrictions, quelques distractions en moins; mais cela ne compte guère; la chaleur du groupe familial est préservée.

En avril 1941, mon père est nommé à Gray. Cette toute petite ville au bord de la Saône est alors située en « zone interdite », ensemble de départements de l'Est séparant l'Alsace-Lorraine, annexée au Reich, de la zone simplement « occupée ». Pour s'y rendre, il faut traverser une véritable frontière gardée par des sentinelles allemandes. Dans la semi-clandestinité, nous réussissons à atteindre Gray.

Le collège local est dédié au philosophe Augustin Cournot, la plus grande gloire de la ville; j'y entrai pour terminer ma seconde. Un collège plutôt pittoresque, peu d'élèves, des classes mixtes, une discipline assez relâchée. J'arrivais sans antécédents, sans carnet scolaire, sans passé. J'avais l'occasion de bifurquer; j'en profitai.

Au « nouveau », les professeurs ont demandé dans quelles matières il était le meilleur. Je répondis, modeste : « Dans toutes, sauf la gym. Je suis surtout fort en math, mais j'ai toujours été bon en français, en latin... » Je revois la première classe de latin. « Vos camarades avaient à préparer pour aujourd'hui une page de *De bello gallico* ; vous n'avez pas pu l'étudier, mais essayez de la traduire. » Les petits camarades étaient attentifs. Il me fallait assumer mon bluff. Sans trop de difficultés, je traduisis la page, à vrai dire plutôt facile, de César. J'avais gagné ; j'étais catalogué dans la catégorie des bons élèves. Je me pris au jeu ; j'ai travaillé, et je suis devenu très bon. J'étais l'élève qui, tout naturellement, réussit. J'avais changé de statut. On me regardait autrement ; je me regardais autrement.

Un excellent souvenir : l'année de « math élem » (la terminale C d'aujourd'hui). Notre prof de math, une toute jeune fille, n'avait guère eu le temps d'accumuler des connaissances. En ces temps troublés, un ou deux certificats de licence avaient suffi pour lui faire attribuer ce poste. Ne cherchant pas à camoufler ses insuffisances, elle nous proposa de recourir à un travail d'équipe ; en nous y mettant tous ensemble, nous finirions bien par étudier les sujets du programme. Nous avons fait venir de Paris des corrigés de problèmes et nous nous sommes enseigné les mathématiques les uns aux autres, en un groupe d'une dizaine de filles et de garçons, prof incluse. Tout cela dans le plus bel enthousiasme, avec émulation mais sans compétition. Chacun avait le sentiment de comprendre grâce aux explications des autres, et de comprendre mieux encore en expliquant aux autres. Une camaraderie efficace.

Les conditions sans doute s'y prêtaient. En nous passionnant pour les math, nous nous isolions d'un monde extérieur où il se passait de curieuses choses. Nous en avions des échos, mais nous étions fort peu concernés. Stalingrad ou El Alamein importaient moins que le bac. Notre victoire fut de rafler des mentions « bien » ou « très bien ».

Les math cependant me semblaient un exercice amusant mais assez superficiel. Ce jeu ne répondait pas aux questions essentielles peu à peu formulées à partir de mes lectures. En « philo », on étudiait la relativité, l'expansion de l'univers, la pychologie, la sociologie... Un aménagement d'horaires me permit de suivre simultanément les cours des deux sections. Je crois bien n'avoir pas sauté une ligne du gros traité de Cuvillier proposé à tous les lycéens de l'époque.

En 1943, j'avais donc gagné ; hanté par le seul souci de mes études, j'avais goûté la satisfaction d'être « le meilleur », de cumuler bac de philo et bac de math.

Mais je voulais une revanche plus éclatante. D'après mes informations, l'école la plus difficile était Polytechnique, c'est donc là que je devais aller. Mes professeurs ne m'encourageaient pas. « Bien sûr, vous êtes ici parmi les meilleurs, mais nous sommes à Gray, dans un tout petit collège ; le niveau dans les grandes villes est beaucoup plus élevé. Vous allez vous rompre le cou. » Rien ne pouvait me faire changer de cap. « Ils » allaient voir.

Ma décision entraînait de gros efforts pour ma famille. Pas seulement financiers. Depuis l'accident, nous avions tous trouvé notre force dans une cohésion à laquelle chacun s'accrochait comme à une bouée. Pour la première fois, l'un de nous allait s'éloigner pour longtemps ; justement le plus fragile, et en pleine guerre. Mon père dut penser alors à ses propres études interrompues, à ce gâchis personnel qu'il avait toujours regretté. Il voulut me donner toutes mes chances. « Si tu es décidé à faire une taupe, choisis une bonne taupe. » Renseignements pris, malgré l'éloignement et le coût, je fus inscrit dans l'un des établissements les plus réputés, Sainte-Geneviève de Versailles, l'ancienne « Rue des Postes », tenue par les jésuites. Je ne pourrais revenir dans ma famille que pour les vacances trimestrielles.

Un taupin typique

L'objectif des bons pères n'était pas de repandre parmi leurs élèves l'amour des vertus chrétiennes, mais d'obtenir de bonnes statistiques aux concours des grandes écoles. La méthode : le travail. En fait, tout était organisé de telle façon qu'il représentât la seule solution pour passer les jours le moins désagréablement possible. Un régime monacal affectait chaque heure, sans aucune exception, à une activité définie. Il suffisait de suivre le chemin tracé, sans regarder à gauche ou à droite le paysage.

Tous les matins, messe obligatoire. L'obsession de chaque élève concernait plus le prochain examen de physique ou de math que la lecture des Épîtres de saint Paul. Entre les pages des missels, nous intercalions des fiches sur les équations différentielles ou sur la mécanique rationnelle. L'essentiel : ne pas se faire prendre. Un « jès » surveillait le troupeau depuis la tribune ; on racontait qu'un élève avait été chassé pour avoir apporté à l'office, en place de missel, un livre de math. Finalement, cette messe quotidienne constituait surtout un excellent exercice d'hypocrisie. Une hypocrisie assez insignifiante, une autre me choquait profondément.

Depuis l'âge de raison, depuis ma « première communion » marquant mon entrée dans le peuple chrétien, j'avais pris les sacrements très au sérieux. Chaque confession constituait un événement douloureux, source des pires angoisses. Avais-je bien tout dit ? Étais-je vraiment en état d'aller communier ? Est-ce que je n'allais pas commettre un péché en communiant sans avoir une conscience pure ? Avec l'âge, le nœud était devenu de plus en plus inextricable. J'avais trouvé la solution en espaçant le plus possible confessions et communions. Surprise, à Sainte-Geneviève : la quasi-totalité des élèves communiait à chaque messe. La plupart venaient de collèges catholiques où ils avaient accompli quotidiennement ce geste depuis leur enfance, apparemment sans se poser de problèmes de conscience. J'étais très tenté de ne pas me singulariser, de ne pas m'afficher comme l'un des rares qui restaient à leur place quand presque tous allaient à l'autel. Mais je ne pouvais accepter l'idée de me confesser à ces prêtres que je rencontrais tous les jours, qui faisaient partie de ma vie quotidienne; encore moins de communier sans une absolution dûment reçue. Je dus me résigner à faire partie du très petit groupe des non-communiants. J'avais l'impression, par ce comportement, d'avouer publiquement que j'étais coupable d'horribles péchés. Je compris vite que les consciences des communiants n'étaient pas plus limpides que la mienne; pour eux il ne s'agissait que d'une formalité sans importance; communier n'était plus un acte, mais un rite. Je découvrais le décalage entre le bouleversement intérieur provoqué par certains mots, par certains gestes lorsqu'on les prend réellement au sérieux et leur insignifiance pour la majorité de ceux qui les disent ou les accomplissent.

Dans le monde, durant cette année scolaire 1943-1944, bien des choses se passaient; mais nous vivions à l'écart des perturbations, à l'abri, cloîtrés, avec un seul objectif: se préparer pour les concours. Les conversations entre élèves évoquaient rarement les grands débats: collaboration, résistance, nazisme, bolchevisme. Les journaux parisiens parvenant jusqu'à nous ne parlaient que des victoires des troupes allemandes, ils décrivaient les succès de la croisade anti-bolchevique, stigmatisaient le complot judéo-anglo-maçonnique; mais, par leur outrance même, ils n'avaient sur nous aucune prise. Notre seule réaction, face à tant d'événements embrouillés: faire le gros dos. Il nous suffisait de penser aux choses sérieuses, nos études, en attendant que l'orage extérieur se calmât.

A Gray, pendant les vacances de 1944, la « libération » s'est produite comme un tour de passe-passe. Un jour, les Allemands sont partis; dès le lendemain, les tanks américains sont arrivés; les maquisards sont sortis des forêts. Ils ont rasé quelques femmes qui avaient sans doute trop dit *Ich liebe dich*. Je n'ai entendu parler de déportations, de résistants fusillés, de juifs emmenés vers l'inconnu qu'à ce moment-là. L'existence même des camps d'extermination n'était pas encore soupçonnée.

Pour moi, toutes ces péripéties avaient pour principal inconvénient de perturber les transports et de rendre impossible mon retour à Versailles pour la rentrée. Il me fallut attendre la fin novembre pour revenir à Sainte-Geneviève ; les cours avaient commencé depuis deux mois. Mon père m'accompagnait. Je me souviens de l'entretien avec le préfet des études : « Un tel retard n'est pas rattrapable. Vous aviez une chance de réussir en juin prochain, mais c'est trop tard. Puisque vous ne pourrez intégrer cette année, organisez votre travail en visant le concours suivant. » J'étais outré. Pour qui me prenait-on ? J'allais « leur » montrer de quoi j'étais capable.

Et je me mis à la tâche, comme une taupe qui creuse son tunnel ; sans autre pensée que d'avancer. J'avais appris que mon information initiale n'était pas exacte : Polytechnique n'est pas l'école la plus difficile ; il y a mieux : Normale supérieure. Je me donnai donc un nouvel objectif. Les jésuites pourtant s'y opposaient : ils n'avaient guère l'expérience de ce concours et redoutaient un échec, mauvais pour leurs statistiques.

J'ai plutôt bon souvenir de ces mois passés à forcer mon cerveau, à ingurgiter coûte que coûte des formules de chimie auxquelles je ne comprenais pas grand-chose, à créer en moi la tournure d'esprit permettant de résoudre rapidement les problèmes d'examen. Une vie quotidienne où tout est rigoureusement réglé. Les athlètes qui se préparent à faire tomber un record doivent ressentir le même plaisir, né de l'archarnement de tout instant. A six heures, j'avais le droit de bondir de mon lit pour une journée où chaque minute comptait ; mais mon réveil sonnait dès que la lumière du jour me permettait de travailler dans mon lit. A dix heures du soir, il fallait éteindre et les surveillants luttaient contre les bougies ; dans l'obscurité, je m'appliquais à évoquer les matières où je me sentais insuffisant. Les dimanches après-midi étaient consacrés aux recueils de corrigés de problèmes proposés à Normale sup les années précédentes.

Arrivent les concours : Centrale, l'X, Normale sup

occupent entièrement ce mois de juin 1945 particulièrement torride. Angoisse excitée avant l'annonce des résultats. Attente non moins fébrile dans ma famille; pour prévenir les miens sans délai, une seule solution : utiliser le téléphone officiel de la Banque de France, rue des Petits-Champs. Cinq fois j'y suis allé pour annoncer, en rafale, de bonnes nouvelles. Écrit de Centrale : admissible; écrit de l'X : hyper-admissible; écrit de Normale sup : admissible; oral de Centrale : reçu; oral de l'X : reçu. Mais, la sixième fois, catastrophe : récalé à l'oral de Normal sup. J'avais raté mon coup.

Vexé, je revins chez moi pour les vacances. Les félicitations ne me touchaient guère : j'avais échoué au seul concours qui m'intéressait. J'étais bien décidé à refaire un essai, à démissionner de Centrale et de l'X et à me représenter l'année suivante au concours de Normale. La famille était stupéfaite : comment peut-on, sans être fou, renoncer au bicorne!

Les pressions ont été vives durant ces vacances. Pourquoi tout remettre en cause et risquer l'année prochaine un échec total? Un accident, une maladie sont toujours possibles.

Je cédai.

Hiroshima

6 août 1945. Pour la première fois, une bombe atomique est lancée. La ville d'Hiroshima est rasée. Deux jours plus tard, une seconde bombe détruira Nagasaki. Toutes les perspectives de l'humanité sont bouleversées. Aucun des tournants précédents de son histoire, ni la maîtrise du feu, ni l'invention de l'écriture, ni la découverte d'un nouveau continent, n'a été aussi décisif. Cette fois, les hommes se sont donné à eux-mêmes une puissance telle qu'elle dépasse les capacités de la planète; ils mettent en danger tout ce qu'elle porte. Mais combien en ont conscience? Ils vivent un changement définitif, obligeant à repenser en totalité les rap-

ports entre les nations, et ils croient assister simplement à un épisode supplémentaire d'une guerre qui en a connu tant. Seuls Einstein et quelques physiciens comme Oppenheimer ont compris la portée de l'événement. Mais qui a entendu leur voix? Il paraît que, le lendemain, *La Tribune de Genève* avait deux titres en première page : « Accident au Petit-Sacconnex, un cycliste blessé. » « Bombe atomique sur Hiroshima, nombreux morts. »

Quant à moi, j'avais d'autres préoccupations. Je traversais l'Histoire inconscient, tendu vers ma « réussite ». Sans le moindre enthousiasme, je devenais un « polytechnicien »; j'entrais dans le sérail où tant de familles bourgeoises rêvent de faire pénétrer leur progéniture.

« Bourgeois » : le terme a été si galvaudé à propos des « grands » et des « petits » bourgeois que je ne lui trouve plus aucun sens. Le milieu dans lequel je me suis construit au long de mes années de jeunesse était-il « bourgeois »? Il était surtout marqué par une morale; une morale à base de non-dits, donc inattaquable. Un absolu, échappant à toute discussion, aussi rigoureux et définitif que la structure familiale, elle-même aussi intangible que les lois gouvernant le mouvement des astres.

Les non-dits ont cela de très fort : il est possible de passer sa vie entière sans constater leur existence. Des années après mon enfance, je ne les avais pas encore tous discernés. Ils concernaient la famille, la religion, la politique. Plus un domaine était important, moins il en était question : jamais n'étaient évoqués le sexe, la contraception, le divorce, l'autorité parentale ou patronale.

Les divorcés, ces êtres ayant commis le péché majeur, pas question de les recevoir chez soi. La politique oppose ceux qui ont raison et ceux qui ont tort : le choix est facile; je n'ai pas souvenir d'avoir eu une véritable discussion politique avec mon père. Aujourd'hui je l'imagine et je rencontre en pensée un interlocuteur plus nuancé, plus ouvert que je ne l'aurais espéré à vingt ans. Mais, à vingt ans, je n'aurais pas osé aborder sérieusement ce sujet. Il est trop tard.

Au fil des rencontres, des lectures, j'ai débusqué certains de ces non-dits, sans doute pas tous. Je les ai découverts par tranches anarchiques. Dostoïevski un jour, Sartre, Gide ou Martin du Gard le lendemain m'ont fait comprendre que la réalité avait d'autres dimensions qui méritaient d'être dites. Dans cette ouverture au monde, ni la taupe ni l'X n'ont joué de rôle.

L'X : vue extérieure

Le mot « Polytechnique » évoque dans l'esprit des Français une sélection très sévère : la liste des trois cents élus résulte en effet d'une série d'écrémages douloureux. Il faut franchir avec succès des obstacles nombreux ; mais quelle en est la véritable nature ? Quels en sont les critères ?

Le plus sournois de tous ces obstacles est la limite d'âge. Ne passer le bac qu'à dix-huit ou dix-neuf ans interdit tout espoir d'intégration. Un redoublement en classe de huitième crée déjà un handicap par le décalage définitif qu'il entraîne ; deux redoublements équivalent à une condamnation. Les familles bourgeoises, ou informées, le savent fort bien et pèsent de tout leur poids pour éviter que leurs enfants ne prennent du retard, même si, dans l'immédiat, le redoublement proposé est parfaitement justifié, favorable au développement intellectuel de l'élève. Les familles les plus modestes ignorent que le sort des futurs adolescents se joue lorsqu'ils ont sept ou huit ans ; elles pensent, à juste titre, qu'il faut tenir compte du rythme de l'épanouissement de chacun, plus ou moins rapide selon les cas, sans que cela implique un jugement sur l'aboutissement final. Elles acceptent un décalage dont elles ne voient pas les conséquences lointaines ; sans le savoir, elles font de leurs enfants des non-candidats potentiels à l'École polytechnique. A la réflexion, l'existence de limites d'âge dans les « grandes écoles » est le verrou final qui provoque et justifie l'obsession du « retard » et de l'« avance » dans tout le système scolaire.

Dire d'un enfant qu'il est « en retard » de deux ans, c'est le désigner comme un débile, qui ne pourra guère « réussir »; or, ce retard n'a, sauf cas pathologique, aucun sens. Retard par rapport à quoi? Par rapport à la moyenne; mais une moyenne n'a qu'une signification statistique, elle ne constitue pas une norme. Bien des drames inutiles seraient évités si l'on interdisait aux enseignants de connaître l'âge de leurs élèves; l'âge est une donnée médicale qui devrait être réservée aux médecins. Mais le système tomberait dans l'incohérence si les limites d'âge imposées pour certains examens n'étaient pas simultanément supprimées.

Un autre obstacle, plus proche de l'arrivée de la course, est l'ambiance des classes préparatoires, les « taupes ». Les esprits y sont façonnés en vue de répondre aux questions proposées aux concours. Deux années souvent qualifiées de monacales. Cette référence aux couvents est abusive. Les moines sacrifient le présent, le quotidien à un besoin dévorant de se rapprocher de Dieu. En taupe, j'avais plaisir à sacrifier le confort de chaque heure au désir d'assurer ma réussite. L'ambition était d'un autre ordre. Pour supporter le régime épuisant de ces classes, il faut un objectif : essentiellement la réussite sociale. Il faut avoir le goût du pouvoir, être capable de renoncer durant quelques années, celles de sa jeunesse, à toute activité autre que la préparation d'un concours, se mettre au service exclusif d'une seule idole : soi-même.

Le cheminement est facilité pour les fils (et maintenant les filles) de polytechniciens. La voie est tracée, il suffit de la suivre; leur enfance a été marquée par les souvenirs paternels : cette école, ils la connaissent déjà. Pour eux, il n'est pas nécessaire d'affirmer une volonté personnelle. Se conformer aux intentions familiales, faire comme papa, être tout naturellement un bon élève dès l'école primaire aboutit sans heurts à l'entrée à l'École. De même, bien des fils de grands patrons de médecine se retrouvent internes des hôpitaux non parce qu'ils l'ont voulu, mais parce qu'ils n'ont pas eu assez de volonté pour s'y opposer.

Pour ceux (j'en étais) qui ne sont pas portés, comme le bouchon sur la vague, par leur famille ou leur classe sociale, il faut, pour parvenir à intégrer l'X ou une quelconque « grande école », un motif intérieur puissant, une lame forgée en eux au service de leur future carrière.

J'allais oublier l'intelligence. De l'avis unanime, ceux qui réussissent ces concours sont les plus « intelligents ». J'avoue n'être pas assez « intelligent » pour comprendre le sens de ce mot. En comparant mes camarades de promotion aux quelques centaines de non-polytechniciens que j'ai rencontrés, je n'arrive pas à déceler quelles caractéristiques de l'esprit étaient plus développées chez les premiers que chez les seconds. Simplement, les polytechniciens savaient résoudre plus rapidement que d'autres certains problèmes imaginés tout spécialement pour vérifier leur capacité à réagir de la façon estimée correcte, dans des conditions définies. Quelles auraient été leurs performances dans des conditions un peu différentes? Nul ne le sait, et nul ne s'en préoccupe.

Les concours d'entrée font penser aux épreuves auxquelles sont soumises en laboratoire des souris obligées de parcourir des labyrinthes compliqués pour accéder à leur nourriture. Quelques-unes finissent par acquérir une remarquable « intelligence » à ce jeu et leurs performances s'améliorent de jour en jour; elles constituent l'élite du groupe. Mais il suffit du moindre changement dans la disposition de la cage pour que la hiérarchie soit bouleversée.

A vingt ans, les trois cents polytechniciens sont les meilleurs de leur groupe d'âge face à certains problèmes spécialement imaginés pour permettre un classement. Point.

La « classe 45 » à laquelle j'appartiens fait partie de celles qui n'ont pas eu à effectuer de service militaire. Depuis Napoléon, l'École polytechnique est une école militaire; j'ai donc dû, pour y entrer, m'inscrire comme engagé volontaire, en fait un volontaire malgré lui. Je ressentais une certaine fierté à entrer dans ces lieux qui nourrissaient les rêves de tant de taupins et de leurs familles.

Les premiers jours étaient consacrés à des rites plutôt pittoresques; nous nous déguisions en polytechniciens, nous affublant de tous les accessoires imposés : grand uniforme, bicorne, épée, sans oublier les invraisemblables bottines cambrées à élastique dont le modèle date du siècle dernier, impossibles à retirer sans l'aide de plusieurs camarades. Nous étions persuadés qu'après cette prise de contact nous allions reprendre les études. Illusion!

En octobre 45, les réformes touchaient tous les domaines, même l'X. On nous annonça soudain que nous allions, pour commencer, être affectés par groupes de trente dans des régiments occupant l'Allemagne, comme soldats de seconde classe. Le choc fut rude. Après l'univers protégé des lycées, des pensionnats, où la rumeur du monde n'arrivait qu'étouffée, nous nous trouvions plongés dans le tohu-bohu de la réalité. Dès le départ de Paris.

Le groupe auquel j'étais affecté devait rejoindre Neustadt, au cœur de la Forêt-Noire. On nous entassa dans un vieux wagon accroché en avant-dernière position à la queue d'un train de marchandises. Le dernier wagon était, lui aussi, frété par l'armée; il transportait un BMC (bordel militaire de campagne) allant rejoindre un régiment marocain. Durant les arrêts, nombreux et longs, dans les gares de triage, nous descendions pour voir de près nos voisines, une cinquantaine de filles rieuses et bavardes, mais ne parlant qu'arabe et dont un soldat marocain armé jusqu'aux dents protégeait farouchement la vertu.

Je commençai à comprendre que l'armée n'est pas ce milieu exaltant que l'on présente aux enfants, où il n'est question que de batailles glorieuses, de courage, de patriotisme. En réalité, la leçon première que l'on y reçoit consiste à savoir perdre son temps en s'efforçant de ne pas trop s'en attrister.

L'Allemagne en automne 1945; comment imaginer plus sinistre? Un pays mort, apparemment pour toujours; tout était détruit, les bâtiments et plus encore les structures sociales. Rejetant le cauchemar nazi, les Allemands semblaient aussi rejeter l'Allemagne. Aucun contact avec eux. Nous étions des occupants, mais nous avions conscience de n'avoir en rien participé à la victoire. Nous ne pouvions décemment manifester l'arrogance des soldats et des officiers du régiment qui, eux, avaient durement combattu tout au long des campagnes d'Italie et de France.

Après quelques mois, retour en France, dans les casernes, modèle IIIe République, d'une petite ville de garnison des Vosges. Mon souvenir de Rambervilliers se limiterait à deux mots, le froid et l'ennui, s'il n'y avait eu un lieu de chaleur et de rencontre : le bordel.

Marthe Richard n'était pas encore intervenue. L'équilibre de la société locale reposait sur trois solides institutions, l'Église, l'Armée, et la Maison de tolérance. Les rapports entre la seconde et la troisième posaient quelques problèmes dus au recrutement de notre régiment, moitié Algériens, moitié Français de l'Hexagone. La rencontre au bordel des uns et des autres provoquait des crises de jalousie et des rixes. Lors du lever des couleurs, le message quotidien du colonel était souvent consacré à ce sujet. Après le frisson patriotique provoqué par la lente montée du drapeau tricolore, on évoquait les choses sérieuses : le bordel serait interdit le mercredi aux soldats français et les autres jours aux soldats algériens.

Notre qualité de polytechniciens nous avait valu d'être rapidement promus au grade de brigadier-chef, et notre qualité de brigadier-chef nous amenait à commander les patrouilles chargées de contrôler la bonne tenue des soldats en ville, notamment dans tous les lieux où l'on peut boire. Notre ronde du soir, de rue en rue, de bistrot en bistrot, aboutissait régulièrement, après vingt-deux heures, dans le seul établissement encore ouvert, le bordel. La patronne nous offrait des grogs, proposait des tarifs réduits pour les services de l'établissement, et, ravie d'un auditoire aussi éclairé et attentif, entamait de longues discussions sur l'organisation idéale de la société. Pour elle, l'armée n'était pas l'élément social le plus important ; elle se préoccupait d'abord de l'équilibre des corps et des âmes, et rêvait d'une entente sans hypocrisie entre l'Église responsable de celles-ci et le bordel spécialiste de ceux-là. Dans la cité parfaite, le curé et la maquerelle coopéreraient en totale harmonie. Hélas, les menaces s'amoncelaient. Son entreprise périclitait et était en butte aux attaques du curé agissant sournoisement pour la faire interdire. « Où est le temps où les soldats américains faisaient la queue devant la maison jusqu'au carrefour ? » Elle n'avait plus que deux pensionnaires, un peu boutonneuses. Je les plaignais vaguement, sans guère éprouver de révolte devant leur sort de filles condamnées à cet abattage journalier, bien proche de l'esclavage. Je me contentais de m'abstenir. Je n'étais pas concerné.

Les semaines passant, le vide des heures dans la caserne de Rambervilliers devint insupportable. Pas d'autres occupations que l'apprentissage du « Demitour droite » et du « Présentez arme ». Le général commandant la division avait inventé de nouveaux gestes pour présenter les armes, en quatre temps et non plus en trois. Pendant des heures, dans le froid, nous répétions inlassablement ces gestes, en essayant de les faire en cadence. Sans doute le gain de la prochaine guerre en dépendait-il. Pour avoir enfin contact avec autre chose, je prétextai une affection à l'œil et fus envoyé à l'hôpital militaire d'Épinal. Scylla prenait la suite de Charybde.

Évidemment, je ne suis pas en danger de mort ; on me met en attente dans un dortoir déjà saturé. Avec mon orgelet, je suis un cas à part; tous les autres ont la même maladie, une chaude-pisse. Leurs conversations ne portent que sur les sensations qu'elle provoque et surtout sur les exploits qui leur ont valu de se retrouver là. Chaque soir la moitié du dortoir fait le mur et s'égaille dans la ville à la recherche d'une bonne fortune. La matinée s'écoule à raconter les aventures de la nuit, commencées au cinéma ou au bistrot. Les gonocoques doivent se multiplier joyeusement dans la région. Apparemment les médecins militaires n'y voient pas d'inconvénient.

Pas un livre, pas une revue. Pour ne pas devenir fou, je me force à apprendre par cœur les vingt-cinq premières décimales du nombre π. Je les sais encore.

Au bout de quelques jours, je me déclare guéri et le médecin major me renvoie à Rambervilliers. J'ai perdu dans l'affaire l'usage de quelques milliers de neurones qui, définitivement, dans un coin de mon cerveau, répètent stupidement $\pi = 3,14159265358979...$

Les grandes manœuvres

Nous terminons notre année militaire dans les troupes d'occupation en Allemagne. Après les vieux « quartiers » construits par la République en 1880 à Rambervilliers, les casernes hitlériennes d'Idar-Oberstein nous paraissent luxueuses. L'ennui quotidien n'y pèse pas moins lourd. Comment le tromper? Je me porte volontaire comme chauffeur; je fais partie de ceux jugés aptes à conduire les lourds camions GMC et les chenillettes. Cette planque m'évite bien des corvées.

Pendant quelques jours, nous participons à des manœuvres. Il faut garder les troupes en éveil. Une nouvelle guerre, nous dit-on, pourrait bien se déclencher contre un ennemi à l'Est. Les vins de la Nahe et du Rhin sont distribués généreusement; le moral des officiers et des hommes en est porté au beau fixe. Tous sont heureux de crapahuter sous le soleil en utilisant leurs jolis jouets, chars, canons, piper-cubs... Comble de plaisir, on ne tire pas à blanc mais avec des obus réels.

Derrière ma chenillette où est entassée une dizaine de camarades, le 75 est lourd à remorquer; je cale au milieu d'une pente abrupte. Qu'importe, le vin blanc me rend optimiste. J'embraye brutalement. Au lieu d'avancer sur le terrain, la chenillette se dresse presque verticalement. Elle va se retourner et nous écraser tous. Cela est si soudain que personne n'a le réflexe de sauter. Quelle mort stupide! Au dernier moment, le poids de l'engin l'emporte; il retombe brutalement en avant.

La mort ne perd rien pour attendre; dans quelques instants elle va frapper. Avec le 75, enfin mis en batterie, un aspirant vise un vieux char en panne accroché à un camion par un long câble. Il avance lentement. Avec précision (il a du métier), l'aspirant dirige son collimateur sur la cible, calcule sa hausse et sa dérive et crie « feu ». Coup au but au premier essai; cris de joie, félicitations. Soudain on s'avise d'une petite erreur : le collimateur était dirigé, non sur le vieux char, mais sur le camion qui le tractait. Chauffeur et accompagnateur ont été volatilisés. L'aspirant est ivre; il se fait un peu engueuler. La journée s'achève dans les réjouissances prévues au programme.

Les militaires de carrière qui nous encadraient faisaient semblant de prendre au sérieux ces jeux infantiles et coûteux. Je compris que toute cette débauche d'activité inutile n'avait qu'un but : camoufler le mal permanent, le lot quotidien du soldat, l'ennui, l'ennui, l'ennui.

Je n'étais pas particulièrement « fana mili » en arrivant, mais, après cette année où j'avais eu l'impression d'être plongé dans une structure absurde, j'étais devenu franchement « anti ».

Il restait à accomplir les deux « vraies » années d'école.

Il ne me reste guère de souvenirs marquants de ces deux années. Longtemps après, il me semble avoir eu le comportement de ces animaux gélatineux rencontrés sur les plages; ils ont une forme indécise; elle se modifie si l'on presse ici ou là, mais c'est provisoire, rien ne les transforme définitivement. Inconsciemment, j'eus l'attitude qui me permettait de recevoir le minimum d'empreinte. J'ai fait ce qu'il fallait pour ne pas attirer l'attention, pour être transparent, incolore, inodore et sans saveur, pour être apparemment assez conforme aux normes imposées, pour ne pas avoir d'histoires.

Mon année dans divers régiments m'avait fait comprendre que la vie militaire est une succession d'événements dérisoires ou absurdes. Pour deux ans encore, j'allais vivre dans un milieu géré par l'armée.

Réputé fournir à la France l'élite de ses ingénieurs, de ses économistes, de ses chefs d'entreprise, cet établissement est une école militaire!

Interrogé à propos de ce paradoxe par des collègues étrangers, je suis toujours incapable de leur en fournir la clé. Lorsque la Convention créa l'École, en 1794, pour former des ingénieurs et des « savants », elle mit, bien sûr, en place une école civile. Elle devint militaire quelques années plus tard. Napoléon avait besoin d'officiers pour rendre ses armées efficaces. Plus profondément sans doute, il rêvait d'une société organisée dans tous ses rouages avec rigueur, à la façon de l'armée. Former les futurs cadres du pays en leur imposant ce modèle, en le leur présentant comme l'unique modèle souhaitable, était la meilleure façon de stabiliser la structure sociale.

Ce calcul s'est révélé tout à fait juste; la stabilisation souhaitée a été obtenue, du moins pour l'École elle-même. Près de deux siècles plus tard, l'X est toujours militaire. Les bouleversements de la société, les remises en cause, les guerres, les révolutions n'ont pu mettre fin à cette situation ridicule. Les partisans du statu quo ont aujourd'hui un excellent argument, l'opinion des élèves eux-mêmes. Interrogés il y a quelques années, ils préférèrent à une écrasante majorité ne rien changer. La question posée leur donnait le choix entre : rester militaire et continuer à percevoir une solde de sous-lieutenant, ou devenir civil et ne plus bénéficier de la solde.

Dans une école, qu'elle soit militaire ou civile, on apprend. Qu'ai-je appris à l'X? Honnêtement pas grand-chose. Ma critique ne concerne que l'école que j'ai connue. Depuis, quarante années se sont écoulées. A la suite de multiples réformes une amélioration du niveau scientifique a sans doute été obtenue. A l'époque, ce niveau était assez faible. Le complexe d'autosatisfaction des polytechniciens avait pour conséquence de nommer préférentiellement des anciens élèves comme professeurs, pas toujours les meilleurs dans chaque discipline. Certains nous enseignaient, à peine remis à jour, ce qu'ils avaient appris quelques décennies auparavant. Reproche plus grave : cet enseignement refermait l'École sur elle-même.

Chaque professeur rédigeait un cours qui nous était distribué sous forme de feuilles à découper. Le « dépucelage » des cahiers reçus en vrac constituait, pour beaucoup d'élèves, le seul contact avec le cours. Les plus respectueux de l'ordre établi, ceux qui cultivaient l'illusion que toutes ces équations pourraient leur être utiles plus tard, faisaient rituellement relier ces feuilles. Je possède encore la collection complète de ces cours reliés en simili-cuir rouge. Je viens de les ouvrir. Que d'heures perdues de ma jeunesse sur ces textes rébarbatifs et aux trois quarts inutiles! Une observation ne m'était jamais encore apparue : aucun de ces cours ne comporte de bibliographie. Les leçons du professeur sont supposées contenir la totalité de ce qu'il faut savoir sur le sujet. Pourquoi ouvrir les esprits à une pensée extérieure? l'objectif n'est pas de réfléchir à propos de tel ou tel problème, mais d'apprendre ce qui est utile pour le prochain examen. La lecture d'un auteur apportant un point de vue un peu différent pourrait être perturbante, sans la proscrire on ne l'encourageait pas.

Autrement dit, il s'agissait d'un enseignement dogmatique consistant à déverser dans les cerveaux des élèves une certaine quantité de savoir. Je ne fais pas l'injure aux responsables de cet enseignement de supposer qu'ils adoptaient cette attitude de gaieté de cœur; ils étaient certainement capables de comprendre que le développement de l'intelligence se nourrit de questions sans réponses, beaucoup plus que de réponses à des questions pas toujours spontanées. Ils étaient contraints d'accepter cette technique en raison du classement de sortie, point oméga des deux années d'école.

Tout converge vers ce classement; il est le seul but, et l'on s'efforce de le rendre objectif. Pour y parvenir, il faut faire passer des examens permettant d'affecter à chaque copie une note précise; c'est réalisable si l'on vérifie l'accumulation d'un savoir, non si l'on suscite le doute et la remise en cause.

A l'époque, l'École semblait comme figée, à l'écart des bouleversements de la planète. La devise « Pour la Patrie, les Sciences et la Gloire », vieille d'un siècle et demi, servait encore de leitmotiv aux laïus des généraux et des hommes politiques qui venaient nous haranguer. L'idée que le monde avait changé depuis le XIXe siècle, que des problèmes nouveaux, plus importants que la gloire, se posaient aux hommes, ne nous effleuraient guère.

Tout contribuait à nous infantiliser; la prise en charge de tous les problèmes de la vie quotidienne par la structure militaire, mais aussi toutes les gamineries des traditions de chahut et de bahutage. Nous étions satisfaits de parler un langage ésotérique, l'« argot de l'X »; nous étions obsédés par les notes obtenues aux « exams gé » qui conditionnent le rang de sortie et désignent la carrière obtenue. Nous allions consacrer notre vie professionnelle au génie maritime ou au contrôle des assurances, en fonction d'une réponse plus ou moins précise à une question sur l'inversion des matrices. Nous acceptions cette loterie!

Un petit fait révèle notre inconscience des changements en cours dans la société : une « botte » nouvelle, un débouché nouveau dans l'administration, fut offert à notre promotion, deux places à l'École nationale d'administration récemment créée. Devant cette voie apparemment peu prometteuse, nous fîmes la fine bouche. Un seul d'entre nous, sans doute bien conseillé, s'y inscrivit, Valéry Giscard. Le dernier de la promo aurait pu obtenir le second poste.

Le trésor des anciens

Ce fossé entre la réalité d'un monde en cours de bouleversement et l'immobilisme d'une tradition figée aboutit à un résultat souvent désastreux. Les jeunes X sont préparés à jouer un rôle bien appris. Mais la pièce n'est plus jouée. Le théâtre a été détruit et reconstruit dans un autre style. Certains ne s'en aperçoivent pas; ils sont définitivement hors jeu. On leur a fait croire à vingt ans qu'ils étaient les meilleurs; ils constatent à soixante qu'ils ont été victimes d'une illusion. D'autres ont eu la chance d'utiliser au cours de leur vie professionnelle le talent qui leur avait été présenté comme essentiel : savoir trouver rapidement la meilleure réponse à une question; ils se sont spécialisés et savent tout dans un domaine dont les frontières se sont progressivement rétrécies, enserrant, à la limite, une surface nulle. A l'inverse des anciens élèves de l'ENA qui ne savent presque rien sur tout, les X savent tout sur presque rien; les uns comme les autres en sont fiers.

Rares sont ceux qui acceptent de ne pas se réfugier, tout au long de leur vie, derrière l'étiquette reçue lors de l'entrée à l'École. Plus rares encore ceux qui ont réellement une vocation et orientent leur vie dans une direction délibérément choisie. Dans ma promotion se sont ainsi manifestées une vocation d'officier d'artillerie, trois de Dominicain, une d'Eudiste et une de prêtre séculier. Les autres ont pris la botte que le classement leur attribuait, ou ont démissionné.

De ces deux années, il reste, c'est vrai, une solidarité très étroite. Elle repose un peu sur des souvenirs nostalgiques de pensionnaires attardés et beaucoup sur une communauté d'intérêts.

La véritable richesse d'un ancien X, son trésor, n'est pas ce qu'il a appris à l'École; c'est l'annuaire qu'il reçoit chaque année, soigneusement remis à jour. La structure en est révélatrice : les pages blanches, par ordre alphabétique, permettent de connaître la promotion du camarade N; les pages jaunes, par entreprise, donnent la liste des camarades qui travaillent dans chacune d'elles et leur importance dans la hiérarchie; les pages vertes, par résidence, donnent la liste des camarades de l'endroit. Ces pages de couleur sont de loin les plus utiles. Si vous êtes en panne à Bobo-Dioulasso, vous cherchez dans les feuilles vertes les camarades installés aux environs; si vous avez un problème avec la Société d'ingénierie médicale, vous trouvez dans les pages jaunes les camarades qui peuvent vous introduire auprès des cadres compétents. De préférence, vous choisissez ceux dont la promotion est la plus voisine de la vôtre; si l'écart est inférieur à six ans, vous les tutoyez d'entrée de jeu, ce qui crée un premier lien.

Cette camaraderie amène souvent à comparer la corporation des anciens X à une franc-maçonnerie. Le rapprochement me paraît déplaisant pour les francs-maçons qui s'imposent le respect d'un ensemble de règles et d'obligations. Les polytechniciens, eux, se sont contentés de payer une fois pour toutes leur cotisation. Un prix, il est vrai, élevé : quelques années de leur jeunesse.

J'ai vieilli

Au cours de ces deux années d'École, j'ébauchai une réflexion sur l'avenir; quelle carrière choisir? Consacrer ma vie à résoudre des problèmes techniques ne m'attirait décidément pas. Participer, même de loin, à l'activité militaire me semblait une monstruosité. Je commençais à regarder autour de moi et à m'apercevoir quer la société n'atteignait pas la perfection, loin de là. Je découvrais l'horreur de ce qui s'était passé au cours des années de guerre. Je constatais, avec un certain effarement, que j'avais pu les traverser sans rien voir, sans participer en quoi que ce fût aux événements. Allais-je avoir, tout au long de ma vie, un comportement semblable à celui de ces neutrinos qui traversent une planète sans ressentir la moindre interaction ? Une autre attitude s'imposait ; mais, à nouveau, il fallait attendre ; j'étais engagé dans une voie d'où l'on ne s'évade pas si facilement. Rien ne paraissait possible avant la sortie de l'École.

Peu à peu, mon intérêt pour la biologie, pour le mystère de ce qui vit et meurt, s'affirma. Mes anciennes angoisses, mes doutes, allaient-ils devenir passion ? Un seul métier me semblait capable de remplir une vie, celui de médecin. Il me fallait, pour y parvenir, mettre au point une stratégie. J'avais entendu parler d'un des très rares anciens X qui faisaient alors de la recherche en biologie, Daniel Schwartz. De dix ans mon aîné, il était ingénieur au Seita, la Régie des tabacs. Il y menait des recherches sur la génétique du tabac. J'allai le voir, l'écoutai décrire son travail ; ce qu'il faisait me semblait passionnant. Mon plan était simple, obtenir un rang de classement me permettant de choisir la « botte » Seita, puis profiter de la liberté laissée aux ingénieurs pour entreprendre des études de médecine.

J'allais profiter des règlements, des traditions bien établies, pour jouer un jeu personnel. Après des années de soumission aux mécanismes imposés, d'obéissance spartiate, j'allais m'essayer à la liberté. Je jubilais d'avoir compris que, dans cette société, l'important est de paraître respecter les règles, de faire semblant. Cela nécessite une solide barrière autour de son champ personnel, et beaucoup de soin pour son jardin secret.

Cultiver ce jardin secret signifiait pour moi développer l'agilité intellectuelle, quel qu'en soit l'objet. J'en jouissais d'autant plus qu'elle était gratuite, sans contenu réel, désabusée. Ne croire en rien, une attitude déjà très à la mode. Mon jeu cérébral me grisait, il n'était plus tendu vers un concours ou un examen. Il s'agissait seulement de saisir les idées et les mots, d'en prendre possession, et de donner l'impression de dominer les choses. En prime, ce jeu me permettait de briller, de séduire; était-ce donc possible?

Je m'apprêtais à mordre dans la vie, à lui trouver bon goût. Mais je ne mordais pas encore.

Si l'on me demande ce qui m'est arrivé au cours de ces années d'École, que l'on présente niaisement comme des années de « formation », je ne peux que fournir la réponse de Zazie : « j'ai vieilli ».

II

BIFURCATION

Seita : premier contact

Une tradition, dont l'origine se perd dans le passé, voulait que le Service d'exploitation des tabacs et des allumettes offre chaque année six postes d'ingénieurs-élèves à la sortie de Polytechnique, la « botte Tabac ». Naturellement ce nombre ne correspondait à aucune réalité objective, à aucun besoin de l'entreprise. Il était simplement reconduit de promotion en promotion. Une durée moyenne de carrière de trente ans aurait entraîné la présence de cent quatre-vingts ingénieurs, un effectif démesuré pour une entreprise de taille modeste (à l'époque douze mille agents), n'ayant à résoudre que des problèmes techniques assez simples. Mais le chiffre d'affaires, gonflé par l'impôt incorporé dans le prix de vente des produits, donnait à l'entreprise des allures importantes. Le passage par le Seita représentait pour beaucoup d'ingénieurs un épisode de courte durée. Parmi ceux qui restaient, plusieurs s'occupaient d'autre chose ; j'avais cet objectif, bien décidé à entreprendre des études de biologie, et, pourquoi pas, de médecine.

Autre tradition, tout aussi incompréhensible, cette « botte Tabac » se situait assez haut dans la hiérarchie, juste après les Mines et les Ponts. Il fallait, pour l'obtenir, un rang de sortie honorable. Je fis donc le nécessaire. J'aurais pu finalement opter pour les Ponts : je maintins mon choix pour les Tabacs, pourtant moins prestigieux, assez satisfait de ce pied-de-nez à l'ordre établi.

Octobre 1948 : notre petit groupe de six recrues est accueilli par les autorités du Seita ; directeur général, inspecteurs généraux, ingénieurs en chef, tous nous tiennent le même discours : ce que nous avons appris jusqu'ici n'est que vaine spéculation abstraite ; il nous faut devenir des ingénieurs, apprendre un métier et, pour cela, prendre très au sérieux les deux années d'École d'application que nous allons effectuer. Quant à leurs propres activités, ils n'en parlent pas. Malgré notre naïveté, nous devinons un grand vide. La plupart compensent l'absence de finalité de leur poste en accordant une importance démesurée à quelques petits problèmes qu'il suffirait de ne pas poser pour ne pas avoir à les résoudre. Les uns les posent ; d'autres les traitent. Tous sont occupés et satisfaits de l'être ; une satisfaction superficielle qui camoufle mal une certaine amertume. Les plus lucides ou les plus sincères la laissent deviner ; les autres se cuirassent dans une attitude condescendante empêchant tout échange... Titre ronflant (on ne s'adresse à eux qu'en commençant par « monsieur l'Ingénieur en chef ») ; vaste bureau ; moquette épaisse, n'ont-ils pas « réussi » ?

Après l'absurdité des années passées dans l'armée et à l'X, nous plongions dans une incohérence plus insupportable encore, en suivant les cours de l'École d'application du Seita. Toute « botte » suppose une école d'application préparant au futur métier ; ceux qui ont choisi la « botte Mines » suivent les cours de l'école des Mines de Paris, la « botte Ponts » les cours de l'école des Ponts et Chaussées. Ils y retrouvent des étudiants arrivés là par d'autres voies. Rien de tel au Seita où l'école n'avait pour étudiants que les six X nouvellement recrutés. Les ingénieurs-maison tenaient le rôle de professeurs. Ils voyaient surtout dans cette fonction une source de revenus supplémentaires. Le contenu des cours professés par des non-spécialistes affligeait par son vide.

Pour donner une apparence de sérieux, de réalité, à ce fantôme d'école, l'assistance aux cours était rigoureusement contrôlée. On organisait des examens pour vérifier notre assiduité. La perversité du système avait pour but, et pour résultat, d'occuper entièrement nos journées à des insignifiances.

Un seul souvenir marquant, les quelques mois consacrés à un stage ouvrier dans les Manufactures parisiennes de Pantin, Issy-les-Moulineaux et Reuilly. De vieilles usines grises, rébarbatives, où l'on commençait à moderniser les procédés de fabrication des cigares, cigarettes et scaferlatis. Mon premier contact avec ce monde mystérieux, dont je n'avais connaissance qu'à travers quelques livres, le « monde du travail ».

Le stage visait théoriquement à nous faire exécuter les mêmes tâches que les ouvriers affectés aux divers postes de travail ; vivre, dans les mêmes conditions, les mêmes journées. Objectif impossible. Ceux qui nous entouraient savaient fort bien que nous serions un jour ingénieurs, directeurs d'usine, qu'ils seraient, peut-être, sous nos ordres. J'étais plein de bonne volonté, et d'une maladresse insigne ; le geste apparemment le plus banal se révélait un piège lorsqu'il fallait le répéter toute la journée. J'échappais sans même y penser à l'angoisse de mal faire et d'en subir les conséquences ; les ouvrières voisines rectifiaient mes erreurs et, finalement, travaillaient à ma place.

A la cantine, au cours des discussions, je découvrais l'échelle d'utilité selon laquelle, aux yeux des ouvriers, les diverses fonctions étaient classées. Elle renversait quelque peu la hiérarchie officielle. Au sommet, l'aristocratie des plus utiles, les ajusteurs, les professionnels « P3 », grâce auxquels les machines tournaient. Un savoir-faire remarquable ; ils en étaient conscients, se sachant indispensables. Comme les Compagnons du Tour de France, dont ils prolongeaient la tradition, ils méprisaient ceux qui en savaient moins qu'eux.

Ensuite venaient les chefs d'atelier, chargés de l'affectation des postes, de la discipline : un mal nécessaire, il faut bien que quelqu'un joue le rôle de chef.

Le directeur de la manufacture n'était, lui, regardé ni comme un mal ni comme nécessaire. Un personnage lointain, confiné dans son bureau, tel un seigneur du Moyen Age dans son donjon, certainement intelligent puisque polytechnicien, mais dont on n'avait pas à juger les compétences puisque sans fonction, sans utilité. Le critère essentiel, lorsque les ouvriers évoquaient les divers directeurs qu'ils avaient connus, était la politesse; un bon directeur est celui qui est bien élevé.

Les OS eux-mêmes avaient le sentiment d'appartenir à une certaine aristocratie ouvrière, car il n'était pas facile d'entrer aux Tabacs. Les employés du Seita avaient depuis longtemps fondé des syndicats puissants (l'un d'eux avait, au début du siècle, déclenché une grève qui avait fait tomber un gouvernement; on en parlait encore après un demi-siècle). Peu à peu ils avaient obtenu de meilleurs salaires, de meilleures conditions de travail, la stabilité de l'emploi, de meilleures garanties contre l'arbitraire de la hiérarchie. Ils restaient crispés sur ces avantages et voulaient les réserver à leurs propres familles. A l'embauche, un tour de faveur était accordé aux parents des ouvriers. On est bien loin de l'image du monde du travail donnée par les romans.

Au cours de ces quelques mois j'ai appris aussi autre chose : combien pèse l'absence du soleil des jours durant. En hiver, on entre à l'usine avant qu'il ne soit levé; il a déjà disparu lorsque, au retour, on sort du métro.

De cours en stages, les journées passaient. D'études personnelles de biologie, de médecine, il n'était plus question. Je m'englaissais dans le personnage du « cadre » assuré d'une carrière confortable.

Avec mes premiers salaires j'avais acheté une moto; certes pas un de ces gros cubes rutilants d'aujourd'hui, une modeste Terrot 125 cm^3. Elle me permettait d'aller au loin; avec elle je découvris la joyeuse indépendance des voyages décidés seul, m'arrêtant au hasard dans des auberges de campagne, sans souci de leur confort; ivresse de la vitesse, de la liberté, ou de l'illusion de liberté que procure l'autonomie.

Le plus souvent possible, je retrouvais les miens dans la grande maison près de Gray que mes parents avaient achetée peu avant le départ en retraite de mon père. Je découvrais Isabelle, ma sœur aînée. Nous avions parfois été condisciples dans certains cours au collège, mais nous étions restés assez fermés l'un à l'autre. Je m'apercevais qu'elle avait une personnalité taillée dans le marbre, intransigeante, mais aussi passionnée. Les yeux rieurs, les cheveux très noirs, elle détestait l'approximatif, le dérisoire. Elle ne pouvait rien faire à demi. Les études secondaires l'avaient ennuyée. Elle ne pouvait s'intéresser à ce jeu dont le seul objectif est de réussir à passer un obstacle qui conduit à l'obstacle suivant, sans que le but final soit même évoqué. Très vite, elle avait préféré, sur les traces de notre mère, le piano puis l'orgue. Elle débordait de vie. Les grands horizons, elle les avait trouvés dans la foi, dans la mystique. Son exigence d'absolu, elle l'avait satisfaite en lisant, en intériorisant les textes sacrés. Pour elle, foi chrétienne et éthique de vie étaient indissociables.

Face à cet engagement qui appelait toute sa personne, je me sentais bien léger. De la religion, il me restait le souvenir d'images sublimes. Les chants des chœurs, la lumière des cierges, l'odeur de l'encens, avaient suscité en moi d'inoubliables frissons. Je me défendais maintenant contre ces émotions trop faciles, contre ces techniques d'extorsion d'une adhésion dépourvue de sens. La religion n'était plus pour moi qu'une structure sociale dont il fallait me tenir éloigné, comme des partis politiques, sous peine de perdre ma liberté.

La vie politique française me laissait totalement indifférent. Que m'importaient les jeux subtils des trois grands partis d'alors, MRP, SFIO et PC ? J'ai pourtant senti une fois la nécessité d'une adhésion personnelle, d'en encouragement sinon d'un engagement. En septembre 1948, Gary Davis déchirait spectaculairement son passeport américain et installait sa tente sur un territoire attribué provisoirement par la France à l'ONU, la terrasse du Palais de Chaillot. Il n'était plus citoyen des États-Unis, mais « citoyen du monde ». Quel exemple! J'avais applaudi à l'une des belles phrases de Georges Bidault, qui n'en était pas avare : « Les frontières sont les cicatrices de l'histoire. » En suivant l'exemple de Gary Davis, on les ferait disparaître, j'envoyai mon adhésion. Je n'allai pas plus loin.

La vie quotidienne, entre les cours rituels à l'École d'application, les sorties, les rencontres entre camarades, était plutôt plaisante. Au printemps 1949, quelques phrases au téléphone bousculent ce bel équilibre. Isabelle est malade, très malade, méningite tuberculeuse. Nous avons su très vite que l'espoir était mince; à l'époque les médecins étaient impuissants devant de tels cas. Il aurait fallu un « miracle ». Le groupe familial fit front, lutta contre l'inévitable; chaque léger mieux redonnait un peu d'espoir; peut-être de nouveaux médicaments essayés allaient-ils être enfin efficaces. Mais ces mieux, que nous guettions chaque jour, étaient dérisoires face aux rechutes toujours plus brutales, définitives. J'allais à Gray, puis à Besançon, à son chevet. Elle continuait à s'intéresser, avant tout, à la vie des autres. Elle s'inquiétait de mes difficultés, m'interrogeait sur mes projets. Elle aurait sans doute aimé que je participe à sa foi, à son engagement mystique; mais elle s'interdisait tout prosélytisme. Il lui suffisait d'être elle-même, avec ce feu intérieur dont je sentais qu'il allait être étouffé, quelle absurdité! par l'action de quelques microbes devant lesquels nous étions sans moyens. Elle ne parlait pas de la mort; elle était consciente, apparemment sans angoisse, de sa proximité, un passage, une découverte vers laquelle elle était tendue. Ce feu qui la dévorait continuerait à brûler bien au-delà de la mort; elle en était convaincue.

A Paris je poursuivais le rythme habituel. Décembre, un camarade de ma promo organise une soirée; il habite chez ses parents, boulevard Saint-Michel; une famille ouverte, chaleureuse; je me lie d'amitié avec sa petite sœur de dix ans qui bavarde volontiers avec moi. La comtesse de Ségur est au cœur de notre conversation.

Une jeune fille blonde entre. Une présence qui rend toutes les autres importunes. Elle parle pour exprimer simplement ses idées, non pour le plaisir de parler. Nous nous monopolisons l'un l'autre toute la soirée, et je m'aperçois, après les adieux, que je ne sais ni son nom ni son prénom; une seule information glanée au passage, elle habite rue Soufflot.

L'année suivante, nouvelle soirée chez le même camarade. Je ne manque pas cette occasion de peut-être revoir la jeune fille blonde de la rue Soufflot. Quelle chance! Elle est là. Cette fois je ne laisserai pas passer une année avant de la revoir. Au cours de la conversation j'ai pu connaître son prénom, Alix, mais j'étais bien trop timide pour lui demander son adresse. Il me fallait trouver un biais; j'ai raté le dernier métro, dormi chez mes amis et insisté le lendemain, un dimanche, pour les accompagner à Saint-Étienne-du-Mont; l'itinéraire passait rue Soufflot. Quelques questions négligemment posées et j'ai obtenu son nom, son adresse. Voilà qui valait bien une messe!

Dès le lendemain j'appelais Alix. J'ai repris la conversation de l'avant-veille. « Cette pièce de théâtre à l'Athénée, qui vous intéresse tant, j'ai justement deux billets... » Je crois que c'était *Le Docteur Knock*, mais, tout au long de la soirée j'eus moins d'yeux pour Louis Jouvet que pour Alix.

La décision de nous marier ne souleva aucun enthousiasme dans les familles. Rien n'était en « rapport ». Des Parisiens face à des provinciaux, des artistes (le père d'Alix, mort vingt ans auparavant, était pianiste, violoniste et compositeur), face à des terriens; des chrétiens fort peu pratiquants face à des catholiques très liés à leur Église. Nous découvrions la puissance des réflexes transmis depuis des générations et qui violemment s'opposaient. Alix m'entraînait dans un nouvel univers; elle terminait ses études à l'École du Louvre. Elle se passionnait pour la reliure d'art; elle lisait d'autres livres que moi. Elle ne trouva pas sans intérêt ce que je lui apportais. Malgré les réticences familiales notre décision fut rapidement prise.

Pour la première fois de ma vie sans doute il me fallut vraiment vouloir. Dans des conditions difficiles. Mes parents étaient bouleversés par la maladie d'Isabelle; j'imposais une décision qu'ils ne comprenaient pas, alors que j'aurais tant voulu les aider, participer à la solidarité du groupe familial. Les derniers regards, si pleins d'amitié et de confiance, d'Isabelle sur son frère ont contribué à atténuer les oppositions. La quiétude retrouvée, le mariage eut lieu dans la paroisse d'un prêtre ami de la famille d'Alix. Quelques semaines plus tard, Isabelle mourait. Mon père fut presque aussitôt frappé d'un cancer généralisé, foudroyant, qui l'emporta en deux mois. Sur son lit de mort, c'est Alix qui lui tenait la main.

Rien n'était plus comme avant. Ma mère, déchirée, restait seule avec Jean dans la grande maison. J'avais déserté. Mes moments privilégiés appartenaient désormais à Alix. Nous avions à construire ensemble une vie commune.

Bouleversements

Le monde autour de nous se transformait. Partout des hommes souffraient, se battaient, mouraient. Des journaux évoquaient leur sort, j'y jetais un coup d'œil rapide. En Indochine la guerre faisait rage. A Paris les gouvernements se succédaient. J'étais trop préoccupé par les événements de ma propre vie pour accorder à ces péripéties extérieures plus qu'une attention épisodique.

J'étais sensible aux analyses, dans *Combat*, d'hommes comme Sartre, Camus, Vercors, Rousset, mais pas au point de participer aux meetings où ils intervenaient. Un seul événement me bouleversa réellement : la condamnation et l'exécution de Julius et Ethel Rosenberg. Il paraissait clair que la justice s'effaçait devant la raison d'État. Les aspects hideux du maccarthysme se révélaient dans leur inacceptable cynisme. Je me sentais de cœur avec ceux qui protestaient ; je ne joignais pas ma voix à la leur.

Avril 1952, un événement donne tout à coup à l'univers un nouveau contenu, la naissance de Bertrand. Je me sens autre, plus lourd. L'émerveillement est si profond qu'il ne peut être exprimé. Cette émotion ne s'émoussera pas par la répétition ; je la ressentirai aussi violente, aussi durable, à la naissance de Pierre en 1955, à celle de Benoît deux ans plus tard.

Le dilettantisme amusé, le jeu désabusé traitant les jours qui passent comme des dés que l'on jette, l'ironie face à tout ce qui se prend au sérieux, c'est fini. L'avenir n'est plus le prolongement du passé ; un carrefour vient d'être franchi. Une voie autre doit être tracée.

III

BALISE

Ingénieur

Au Seita comme dans les autres administrations recrutant de jeunes X, le statut d'ingénieur-élève n'a qu'une durée de deux ans. Après de multiples examens totalement dépourvus d'intérêt, mais dont la préparation dévore une grande part de notre temps, nous devînmes « ingénieurs ». Une métamorphose peu importante ; nous étions toutefois affectés à des postes comportant une certaine responsabilité. Les uns dans les manufactures disséminées dans les principales villes de province ou en banlieue parisienne, les autres dans le saint des saints qu'était la direction générale, au cœur de Paris.

J'ai été dirigé vers le service organisation et méthodes chargé aussi bien de l'organisation des postes de travail que de la réforme de la comptabilité ou de la mise au point des méthodes de calcul des prix de revient. Comment ai-je pu me passionner pour ce travail, au point d'en oublier complètement mes rêves de biologie et de médecine ? J'avais sans doute été suffisamment conditionné par l'état d'esprit de l'École polytechnique pour faire passer le plaisir de résoudre un problème avant le désir d'en comprendre les implications.

L'objectif des études de postes de travail consistait à améliorer la « productivité ». Le mot n'avait été inventé que depuis peu. Il était rapidement devenu la tarte à la crème. Le chômage, en cette période de reconstruction, ne posait pas problème. Augmenter la productivité signifiait accroître une production qui, dans de nombreux domaines, était loin de satisfaire les besoins. Les responsables de cette productivité, les cadres, agissaient comme si les ouvriers constituaient le principal obstacle. Ceux-ci ne sont pas assez intelligents pour organiser leur travail et trop paresseux pour adopter un rythme normal, telle était la base du raisonnement.

Je me souviens d'un stage, au Bureau des temps élémentaires, un organisme spécialisé dans la mise au point des moyens de lutte contre cette inintelligence et cette paresse. Les gestes à accomplir étaient analysés en phases successives aussi élémentaires que possible; chaque phase correspondait à une durée étalonnée figurant dans un registre; l'addition de toutes ces durées indiquait le temps à accorder à l'ouvrier pour faire sa tâche. Impossible à celui-ci de réclamer et d'obtenir une durée plus longue; ce qui lui était imposé résultait d'une étude « scientifique ». On ne s'oppose pas à la science.

Un des exercices proposés aux stagiaires consistait à disposer quelques dizaines de pièces identiques dans les encoches d'un panneau. Comment installer le poste de travail pour que l'ouvrier y parvienne le plus rapidement possible? Une solution : répartir le stock de pièces à droite et à gauche du panneau et faire travailler des deux mains, simultanément. Bravo! Personne, moi pas plus que d'autres, ne s'interrogeait sur la fatigue qu'une si astucieuse disposition allait entraîner.

Très vite, je me suis occupé de problèmes moins proches du travail, la mise en place d'un nouveau plan comptable, la mise au point de nouvelles méthodes de calcul des prix de revient. Il s'agissait de mieux déceler les ateliers où des économies de main-d'œuvre ou de matières pouvaient être obtenues.

Avec le recul, je n'arrive pas à comprendre comment ces tâches ont pu occuper totalement mon activité durant des années. Je retombais dans l'attitude passive du taupin ou de l'X qui trouve son bonheur à chercher les réponses aux questions qui lui sont soumises, sans s'interroger sur l'intérêt ou la pertinence de ces questions.

Un chemin balisé par d'autres. Quel confort!

A partir de 1953, mon activité put être mise au service d'une véritable création. Avec l'ingénieur en chef dont je dépendais, je fus chargé de mettre en place un « centre mécanographique », préfiguration, qui semble antidiluvienne, des services informatiques d'aujourd'hui. Il s'agissait, avec des trieuses, des interclasseuses, des tabulatrices, de centraliser l'ensemble des travaux de paye, de facturation, de comptabilité. La « mécanographie » classique subissait alors une profonde mutation grâce à l'apparition des premiers calculateurs électroniques. Le mot « ordinateur » venait d'être inventé; quant à la chose, elle était bien différente des prodigieuses machines d'aujourd'hui. Nous étions fascinés par le « Gamma 3 », une merveille transistorisée dont le programme comportait jusqu'à soixante-quatre instructions. Les informaticiens qui liront ces lignes, eux qui écrivent des logiciels de plusieurs milliers d'instructions infiniment plus rapides, peuvent esquisser une moue de dédain à l'évocation de ce bucéphale. Pourtant, que d'astuces il nous fallait trouver pour faire tenir en un si court programme tous les cas rencontrés lors de l'établissement d'un bulletin de salaire!

Le vrai défi, dans la réalisation de ce nouvel outil, n'était pas lié à la technique, mais à la rigidité des structures. Beaucoup de services voyaient leur travail se transformer, leur autorité s'effriter, leur chasse gardée envahie par des braconniers armés de cartes perforées. Les habitudes allaient être bouleversées, événement à peu près inacceptable dans un milieu aussi sclérosé. Nombreux étaient ceux qui souhaitaient, guettaient, l'échec. L'intensité de l'opposition eut pour effet de souder ceux qui étaient chargés de réaliser ce centre. Le groupe forma une équipe qui eut à cœur de réussir. Elle se constitua peu à peu. Les candidats qui se présentaient y ont été incorporés sans aucune sélection au fur et à mesure des besoins. Tout naturellement, une cohésion est née, chacun participant à l'effort en fonction de ses compétences ; les obstacles parfois inattendus, successivement rencontrés, furent franchis. Cette « aventure » fut la plus marquante de celles que j'ai vécues au Seita.

La finalité en était bien limitée, j'avais pourtant le sentiment de participer à un ensemble soudé. D'y jouer un rôle. Nous étions heureux de nous servir de machines à la pointe du progrès, d'en améliorer le mode d'emploi, de nous sentir des pionniers. Nous étions fiers de vaincre les résistances des divers services, de gagner nos paris, mais combien plus encore de travailler ensemble, réellement en équipe. L'expérience, pour moi toute nouvelle, ne se renouvellera guère.

Syndicaliste

Comme la plupart des ingénieurs du Seita, j'étais inscrit au syndicat FO chargé de défendre les intérêts de la corporation ; je fus même, pendant quelque temps, responsable de ce syndicat, dont les objectifs n'évoquaient que de très loin ceux du monde ouvrier. Il ne s'agissait pas de solidarité et de réforme, mais de lutte parfaitement égoïste pour améliorer les avancements, les indices, les primes.

Cette première intrusion dans une activité collective correspondait à un éveil à la politique, éveil provoqué par Mendès France.

Je commençai à m'intéresser aux transformations de mon pays.

La guerre d'Indochine faisait rage depuis des années. Elle représentait pour moi une des nombreuses manifestations du machiavélisme soviétique manipulant les communistes locaux pour étendre son influence. Grâce à Mendès, je compris qu'indépendamment du jeu plus ou moins hypocrite des grandes puissances, la France faisait face à un peuple. Pour la première fois j'entendais un homme politique qui me semblait parler vrai, mettant clairement en évidence que les grandioses fresques de l'« Empire français » n'étaient qu'images d'Épinal, sans réalité.

Je fus enthousiasmé par son voyage à Tunis où, en quelques heures, accompagné du maréchal Juin servant de caution militaire, il mettait en route un processus qui devait aboutir à une décolonisation sans drame. J'admirai la façon dont, héritant de l'affaire d'Indochine au moment où, à Diên Biên Phu, tout était perdu, il parvenait à faire sortir la France de ce guêpier. Alors que les gouvernements précédents mettaient l'Europe en chantier en commençant par l'armée, il s'opposait avec succès à la CED. Dans tous ses actes, j'avais l'impression qu'il regardait au loin et raisonnait juste. Enfin un homme qui, se voulant un politique, faisait autre chose que des discours creux. Je le sentais isolé, malmené à l'intérieur même de son parti. J'admirais. Je suis resté spectateur ; l'idée de m'engager plus avant ne m'effleura pas.

Tout de même, à cette époque, je commençai à voter.

L'Algérie française ?

Des événements d'Algérie, je ne garde qu'un souvenir flou. Ni de près ni de loin je n'avais de contact avec des acteurs du conflit. Ni petit-cousin, ni fils d'ami ne participaient aux combats. Je ne connaissais des événements que les péripéties mises en exergue par les quelques journaux que je lisais. Au début j'avais eu le réflexe imposé par le souvenir des cartes de géographie de mon enfance : « c'est la France ». Mais rapidement j'eus le sentiment que, comme pour l'Indochine, j'allais me fourvoyer, passer à côté de la réalité. N'allait-il pas y avoir, là aussi, un peuple en face de nous ?

A travers la lecture de *Combat*, du *Monde* et, à cause

de Mauriac, de *L'Express*, je découvrais la complexité d'un problème qui apparaissait insoluble.

Sur la torture, les journaux n'étaient guère bavards; les rares informations à ce sujet provenaient des communistes; c'était donc, à n'en pas douter, de la propagande, une utilisation abusive de quelques petits faits. Les incohérences des gouvernements successifs, l'évidence d'une armée plus forte que le pouvoir civil, le constat de la soumission de Guy Mollet à Salan, me firent comprendre que, dans cette affaire, le sort de la France, et pas seulement celui de l'Algérie, se jouait. Il fallait être lucide; l'indépendance politique, sauvegardant autant que possible les liens culturels ou économiques imposés par la proximité, était inéluctable. Avec cette vision du problème algérien, le retour de De Gaulle, à la faveur de l'émeute du 13 mai 1958 à Alger, me sembla un pas en arrière désastreux. Son « Je vous ai compris » à la foule des Français d'Algérie rassemblés sur le Forum, annonçait la poursuite de la politique de « pacification » et d'intégration, c'est-à-dire l'enlisement dans la recherche d'une solution militaire. Peu à peu mon opposition se transforma en adhésion à mesure que la « paix des braves » proposée par de Gaulle se transformait en « gouvernement des Algériens par les Algériens », puis en autodétermination.

Lorsque les pieds-noirs élevèrent des barricades à Alger en janvier 1960, et surtout lorsqu'un « quarteron » de généraux essaya d'entraîner l'armée dans un putsch en avril 1961, je me sentis gaulliste. Réveillé par un vieil ami de l'X, aussi antimilitariste que moi, j'entendis l'appel solennel de Michel Debré à la radio; les paras allaient débarquer, il fallait se rendre dans les aéroports « à pied ou en voiture ». Expression assez ridicule (on attendait « à cheval »), mais angoisse réelle et largement partagée. Que l'armée puisse se dresser contre le pays apparaissait comme le pire danger. Je compris, durant cette nuit, que la présence du contingent contribuait à mettre la nation à l'abri des centurions. Mon hostilité assez simpliste au service militaire s'en est trouvée nuancée.

Tout ému que j'aie été par l'appel de Debré, je n'allai ni à pied ni en voiture dans un aéroport. Jean Lacouture raconte être allé à Orly avec un ami et n'y avoir rencontré personne. J'ai suivi les événements devant mon poste.

Attendre, apprendre, approuver ou condamner; quant à participer, la tentation ne m'en venait guère. J'étais hors de tout engagement, même pas par sentiment d'impuissance, par non-nécessité. Les épisodes de ma propre vie me prenaient tout entier; je creusais mon sillon, familial, personnel, professionnel.

A vrai dire, les moyens d'information mettaient autour des événements un voile opaque. Les huit morts du métro Charonne, bien sûr, je les ai sus; il n'était guère facile de les passer sous silence. Mais les dizaines, peut-être les centaines de cadavres d'Algériens[1] jetés dans la Seine le 17 octobre 1961, j'en ai tout ignoré. Ce jour-là, le FLN avait rassemblé plusieurs dizaines de milliers de manifestants qui défilaient pacifiquement. Les « forces de l'ordre » se livrèrent à une ratonnade de grande envergure. J'en appris la dimension dans des articles parus en 1981, pour le vingtième anniversaire. L'événement a eu lieu à côté de moi, à quelques kilomètres de mon domicile, et j'ai pu l'ignorer!

Bon camouflage? Aveuglement de ma part? Je restais bien peu concerné par ce qui se passait à l'extérieur, insensible à la dimension collective de la vie des hommes.

Dans les mines

A partir de 1959, parallèlement à mon travail au Seita, je participais au contrôle exercé par la Cour des comptes sur la gestion des Houillères du Nord. A la suite des nationalisations de 1945, le domaine d'investigation de cet organisme, habitué depuis un siècle et

---

1. Certains rapports aujourd'hui exhumés citent le chiffre de 150 cadavres retrouvés entre Paris et Rouen.

demi à vérifier les comptes des administrations, s'était étendu à des industries de nature fort diverse. Les magistrats de la Cour décidèrent alors de s'adjoindre, en qualité de rapporteurs, des ingénieurs de la fonction publique. Il s'agissait pour eux de formuler des avis sur la façon dont l'entreprise avait géré son personnel, investi, amélioré les rendements, mené sa politique commerciale... Pour l'essentiel, un travail mené sur pièces, fort heureusement accompagné de contacts avec les hommes : les dirigeants, qui expliquaient, justifiaient les orientations choisies, mais aussi les ingénieurs et les ouvriers, lorsque nous allions sur place voir la réalité des tâches décrites si sèchement par les pièces comptables. Mon premier contact avec une véritable industrie. Aux Tabacs le respect des vieilles structures administratives l'emportait sur les nécessités de la production.

Les Houillères du Nord représentaient alors un énorme ensemble de plus de cent mille personnes, produisant vingt millions de tonnes de charbon. Après la Libération, leur apport à la remise en état de notre économie avait été décisive. Le seul mot d'ordre avait été de produire. Mais, à la fin des années cinquante, des difficultés apparaissaient. Nouveau mot d'ordre : économiser, améliorer le rendement, comprimer les effectifs.

Lors des descentes au fond, la réalité concrète s'imposait, laissant au loin les obsessions des gestionnaires. J'avais lu Zola avec émotion, mais lorsque je descendis, je ressentis de tout autres impressions. La mise en marche de la cabine qui mène à l'étage du chantier d'abattage provoque un creux à l'estomac qui n'est pas dû à la seule accélération. On s'enfonce dans un univers différent, chaud, angoissant, sans soleil. La chute est rapide; il faut franchir verticalement plusieurs fois la hauteur de la tour Eiffel. Arrivé au niveau de l'exploitation, l'on parcourt quelques kilomètres dans des galeries à la lumière des lampes frontales alimentées par une lourde batterie qui blesse les hanches. A gauche, à droite, des avenues, des rues, s'enfonçant dans l'obscurité, conduisent vers des zones maintenant épuisées, abandonnées. Peu à peu, le plafond descend. On s'approche du chantier, celui que l'on montre aux visiteurs, car il est équipé d'une haveuse ultramoderne. Malgré la faible épaisseur des veines de charbon, les ingénieurs ont mis au point des machines qui multiplient le rendement. Une fois le matériel installé, les moteurs électriques remplacent les muscles des hommes, ou presque. Encore faut-il mettre en place un ensemble terriblement lourd, le déplacer lorsque l'épaisseur de la veine devient trop faible, faire face aux difficultés de chaque instant. Courbés, se faufilant dans des passages où toit et plancher ne sont séparés que par moins d'un mètre, dans le bruit, dans la poussière, dans le faisceau mouvant des lampes frontales, les mineurs à l'abattage et les porions veillent autour du tapis roulant et interviennent à chaque incident. Ils ont oublié, eux, le millier de mètres de roches sous lequel ils se déplacent. Des étais métalliques à l'épaisseur rassurante maintiennent le toit à la hauteur voulue. Lorsque la pression est trop forte, ils cèdent d'un cran, de deux, avec un bruit annonçant le danger. Le visiteur aventuré pour la première fois dans ces galeries écarte avec peine de son imagination le poids colossal amassé au-dessus de lui.

Une fois revenu à l'air libre, mon travail consistait à étudier l'évolution du rendement, le prix de revient de la tonne extraite, le coût des stocks, les perspectives du marché. Ni dérisoire, ni inutile, mais si loin de la vie quotidienne de ceux que j'avais, quelques instants, vus au travail! Un tel écart me hantait. Dans mes rapports, dans les graves délibérés de la Cour, chargée finalement de juger la gestion, était évoqué ce que l'argent peut mesurer; tel bénéfice, telle perte surtout, nécessitant telle subvention, il ne pouvait être question d'autre chose; la poussière, la sueur, l'angoisse, ne comptaient pas.

Parfois la belle organisation de l'exploitation était troublée par une grève. A l'époque, elles n'ont pas eu l'ampleur de celles qui, en 1948, avaient été si bien réprimées par mon « antique » de l'École polytechnique, Jules Moch. Elles apparaissaient dans les comptes annuels comme une source d'alourdissement des prix de revient, d'aggravation du déficit. Leurs causes, leur signification n'étaient volontairement pas prises en compte, attitude préjudiciable à long terme à la sacro-sainte gestion. Je commençais à y voir comme une hypocrisie.

Cul-de-sac

Le traité de Rome signé en 1957 créait une Europe qui n'était plus fondée sur une connivence militaire face à un adversaire désigné d'avance comme l'ennemi définitif, mais sur une connivence économique. Il allait permettre d'éliminer les structures surannées, d'améliorer le sort de tous, de faire reculer la pauvreté... Les discours officiels ne tarissaient pas dans l'énumération des avantages du Marché commun. J'y voyais un premier pas vers la disparition des absurdes frontières. Tous allaient y gagner, à condition de jouer le jeu sans arrière-pensées.

Cet événement avait des conséquences dans le petit secteur où je travaillais. Les règles du Marché commun étaient en totale opposition avec les règlements qui, depuis un siècle et demi, avaient soigneusement protégé le marché français du tabac, considéré comme une chasse gardée de la Régie. Il fallait désormais s'ouvrir à la concurrence, accepter l'arrivée des produits allemands ou belges, se battre pour préserver ses parts, devenir compétitif, reconsidérer tout l'édifice.

Le secrétaire général du Seita avec qui j'avais lancé le centre mécanographique, fut chargé, avec moi, d'étudier les réformes nécessaires, d'ordres juridique, financier, économique. Il fallait analyser tous les rouages d'une vieille administration et les adapter à un environnement tout différent. Le noyau de la réforme nécessaire apparut immédiatement; il fallait adopter un nouveau statut du personnel. Par strates successives le Seita s'était enrichi d'une multitude de statuts différents réglementant la gestion de telle ou telle catégorie d'agents, adoptés au coup par coup pour faire face aux nouveaux besoins révélés par chaque novation technique ou sociale. Résultat : un ensemble disparate, rigoureusement cloisonné, où chacun était définitivement enfermé dans sa catégorie initiale.

En bon élève j'eus le réflexe de me documenter largement ; l'étude des documents recueillis me fit adopter une référence essentielle : le statut d'EDF ; un statut unique pour toutes les catégories de personnel, une grille tenant compte de la compétence et de l'ancienneté, l'absence (théorique) de barrières infranchissables, une formation interne permettant de passer, au prix de l'effort individuel nécessaire, d'une catégorie à l'autre. L'exact opposé du système alors en vigueur au Seita. Ce statut, je le savais, était un des héritages laissés par Marcel Paul, qui a imprimé sa marque aux entreprises nationalisées lorsqu'il était ministre de l'Industrie. J'aurais pu aller le consulter pour recueillir ses réflexions ; cette idée ne me vint que vingt ans plus tard, alors que je défilais à ses côtés rue de Rennes. Il s'agissait alors d'un tout autre problème : inventer la paix. A l'époque je n'essayais de comprendre l'essentiel des problèmes qu'à travers des textes. Mon patron direct, issu d'une famille provinciale, catholique, traditionaliste, voyait dans ces projets un bouleversement de ses propres conceptions. A force d'argumentation, je réussis à le convaincre. Cet homme, une fois persuadé de la justesse d'un choix, allait jusqu'au bout, devenait la locomotive du projet.

Un statut aussi nouveau représentait, pour l'ensemble du personnel du Seita, des syndicats, du ministère de tutelle, une véritable révolution. Nous le fîmes cependant accepter. Petite satisfaction personnelle, la catégorie étanche des ingénieurs polytechniciens disparut ; ils devenaient des agents parmi d'autres, ne bénéficiant pas d'une protection particulière. Le recrutement anachronique et ridicule de six X chaque année était enfin supprimé.

La mise en place des réformes nécessaires provoqua évidemment de multiples tensions. Les innombrables réunions destinées à justifier les options adoptées n'avaient pu désarmer toutes les oppositions. Cette dimension « bagarre » du métier me plaisait. J'avais plaisir à gagner, même si la victoire était due à de tout autres facteurs que mes mérites.

La tension la plus grave apparut peu à peu entre le directeur général, responsable de l'ensemble du Seita, et le secrétaire général responsable des réformes. Pour le premier nous allions trop loin et trop vite, pour le second il était nécessaire de brûler les étapes. L'affrontement devint une affaire personnelle, passionnelle. Le directeur général décida d'éliminer le secrétaire général. Il me proposa le poste. Je collaborais avec plaisir avec l'un comme avec l'autre, et ne pouvais décemment aider l'un à l'emporter sur l'autre. J'étais dans cette situation inconfortable, presque intenable, lorsque se présenta une opportunité inattendue : un poste de directeur-adjoint de l'Équipement au ministère de la Santé publique venait d'être créé ; on me le proposait. J'acceptai.

Intermède

En ce début des années soixante, la France s'efforçait de rattraper son retard en matière d'équipement hospitalier. De nombreuses municipalités proposaient de construire, avec l'aide de l'État, des hôpitaux souvent disproportionnés aux besoins réels. Il fallait essayer de préciser ces besoins, de les projeter dans l'avenir, d'imaginer les façons les plus efficaces et les plus économiques de les satisfaire. J'avais pour rôle d'animer les études permettant de dégager progressivement un cadre de raisonnement. Une activité à la fois difficile et passionnante. Je me trouvais en contact avec les organismes officiels chargés d'insérer l'équipement sanitaire dans les plans d'aménagement du territoire, avec les bureaux d'études s'efforçant, à l'aide d'équations, de définir des optimums économiques, avec les édiles municipaux obsédés par le désir de doter leur ville d'un hôpital tout neuf, avec les architectes ne songeant qu'à signer un monument prestigieux. Il fallait tenir compte d'intérêts le plus souvent légitimes mais opposés, dégager la solution la moins mauvaise sinon la meilleure. Mais la « meilleure » en fonction de quels critères ? Les critères économiques évidemment ; d'entrée de jeu ils s'imposent. Les spécialistes ont mis au point des méthodes ; il suffit de chiffrer les coûts et d'évaluer les services rendus. Ce cheminement est utile, surtout pour écarter certaines options. Pour le mener à son terme, il faut attribuer une valeur monétaire à des objectifs dont la valeur concerne le bien-être ou la dignité. Des calculs savants justifient par exemple les soins donnés à un ouvrier victime d'un accident du travail : une fois guéri, il reprendra sa place dans le système de production, il sera source d'une plus-value qui compensera le coût de sa guérison. Mais comment justifier, avec cette logique, les soins apportés à un retraité, à un vieillard ?

Je me trouvai rapidement devant l'interrogation fondamentale : la santé est-elle un « bien » économique ? La réponse ne peut être que non ; sauf si l'on accepte de renoncer à des valeurs essentielles et de ne plus voir en chaque être qu'un consommateur-producteur.

Poussant à son extrémité la logique du raisonnement économique, certains ingénieurs des Ponts et Chaussées dissertaient savamment à l'époque sur la « valeur de la vie humaine ». Leur argumentation était rigoureuse : pour comparer deux solutions possibles, par exemple pour l'aménagement d'un carrefour où se produisent de multiples accidents, il faut naturellement tenir compte des coûts d'investissement, des intérêts d'emprunts, des frais de gestion ; mais comment faire intervenir la différence entre les risques humains ? Que choisir si la solution A entraîne statistiquement cinq morts par an, et la solution B plus coûteuse trois morts seulement ? Force est d'introduire la valeur économique attribuée à ces vies.

Ne risque-t-on pas, alors, d'être amené à moduler cette valeur selon qu'il s'agit d'un puissant ou d'un misérable, du passager d'une Mercedes ou de celui d'une 2 CV, d'un enfant ou d'un vieillard? A chaque stade le raisonnement est inattaquable, et pourtant la conclusion est inacceptable. Il doit bien y avoir un poison quelque part. A l'époque, je le pressentais. Je crois aujourd'hui que tout cela participe d'un mensonge, du remplacement de l'univers des choses et des hommes par un univers fictif de chiffres. Univers qui a sa logique, mais qui doit rester fermé sur lui-même. Le résultat de tout cet effort devient dramatique lorsque l'on se réfère à lui pour prendre des décisions dont les implications concernent des vies d'hommes.

Quelle part de sa richesse une collectivité accepte-t-elle de consacrer au système sanitaire? La réponse ne peut pas résulter d'un calcul économique, elle repose fondamentalement sur un choix politique. Le raisonnement économique retrouve sa pertinence et son utilité à l'intérieur de ce choix politique global, en mettant en évidence les solutions les meilleures.

Rapidement je ressentis un malaise face au décalage entre l'objectif des études dont j'avais la charge et l'usage qui en était fait. Elles auraient dû permettre d'orienter les décisions; elles servaient surtout à les justifier, une fois prises en fonction d'impératifs d'une tout autre nature. Elles m'apparaissaient de plus en plus comme un cache-misère. Je me contentais de jouer le jeu de l'innocent, celui qui dit ce qu'il croit être vrai, celui qui constate que le roi est nu et le dit. Dans ce milieu proche du pouvoir, où les Machiavel étaient légion, je découvris que le seul machiavélisme à ma portée était la limpidité. Une attitude qui ne peut pas durer longtemps. Les crédits disponibles étaient distribués; les chantiers d'hôpitaux s'ouvraient; mais le choix des priorités ne se fondait guère sur l'urgence des besoins. Le désir de fournir à tel député-maire ami la possibilité de conforter sa position locale en dotant sa commune d'un hôpital tout neuf l'emportait sur les savantes conclusions des économistes.

Je me trouvai ainsi chargé de défendre une liste de priorités, remise par mon directeur la veille de son départ en vacances. Elle représentait l'exact opposé des urgences reconnues. Je fis part de mon étonnement au ministre qui, une fois consultés les divers organismes officiels compétents, me donna le feu vert pour substituer à la liste initiale la liste « technique », et l'officialiser par la publication dans le projet de budget. Grand drame au retour de mon directeur; il avait reçu, sans m'en informer, par-dessus la tête du ministre, des consignes d'instances plus haut placées. J'avais, *nolens volens*, mis en évidence une intervention de la politique « locale » dans un dossier présenté comme purement technique.

De ce fait même j'étais devenu un pestiféré dont il fallait se débarrasser au plus vite. Je dois dire que le ministre dans cette affaire se montra parfaitement loyal. Me renvoyer au Seita était la solution facile, mais j'y voyais un désaveu nullement mérité, une injustice flagrante.

Cherchant une autre porte de sortie il en trouva une qui lui sembla excellente. Il m'appela au téléphone : « Je vous garde au ministère, mais je vous envoie à l'Ined; vous y serez fort bien; c'est saturé de polytechniciens – Monsieur le Ministre, je vous remercie; qu'aurai-je à y faire? – Mais ... rien. »

J'étais furieux. J'avais le sentiment d'avoir fait mon métier et je me retrouvais « au placard ». Je n'avais rien à dire; l'État allait me verser mon salaire d'ingénieur en chef jusqu'à ma retraite sans me demander autre chose que de rester coi.

Ces deux années avaient été riches d'enseignements et de contacts porteurs de nouvelles interrogations. Autant je m'étais trouvé, au Seita, immergé dans un univers homogène, uniforme, obsédé par ses propres problèmes, orientant son regard vers soi-même; autant au ministère de la Santé, j'avais participé à des rencontres, souvent conflictuelles, entre représentants de groupes aux horizons très divers, médecins, architectes, élus des collectivités locales. Les dossiers à traiter avaient une autre dimension. Il ne s'agissait plus de diminuer le prix de revient d'un paquet de cigarettes, ou de maximiser des rentrées fiscales, mais de réfléchir au rôle du système sanitaire et à la meilleure façon de lui attribuer les moyens techniques dont il a besoin. J'avais eu l'occasion de mesurer combien les problèmes essentiels sont occultés par des formulations toutes faites, bien utiles pour éliminer toute réflexion en contact avec la réalité.

En ces années 1962-1964, il était partout question d'une « politique des revenus » permettant « une juste répartition des fruits de l'expansion ». Tel était l'objectif affiché, il suffit de consulter les chiffres officiels de l'Insee pour constater que la réalité évoluait dans la direction opposée : de 1957 à 1963 les revenus réels des cadres supérieurs s'étaient accrus de 11,5 %, ceux des ouvriers de 7,7 %. Je me rendais compte de la nécessité d'inverser le processus, si l'on ne voulait pas aboutir à des tensions sociales insupportables. Les miettes de confort ménager accordées aux moins riches avaient un effet anesthésiant, camouflant ces tensions, sans les supprimer. Un jour viendrait où cet effet s'atténuerait et où le resserrement de l'éventail des revenus serait obtenu par la violence, s'il n'avait pu l'être par la concertation et la planification.

Mais cette inversion me semblait quasiment impossible. Le pouvoir des classes privilégiées s'exerce par des voies trop diffuses et se perpétue par des systèmes trop insidieux : aujourd'hui encore les fils d'ouvriers ne représentent dans les « grandes écoles » que 2 % des élèves. Une action directe contre cette nouvelle forme de la « loi d'airain » des salaires peut-elle être efficace ? Pour échapper à cette impasse je ne voyais qu'une attitude : exclure de la logique économique des pans entiers de la société. Dans les domaines concernés par cette autre logique, la justification de l'attribution des ressources serait non la rentabilité mais le besoin. Pour la santé cela semblait évident; c'est le besoin de soins qui génère le droit aux soins; pourquoi ne pas étendre ce schéma à l'enseignement, à la justice...?

L'heure toutefois n'était plus à ces cogitations. Il me fallait ramasser mes billes, refermer mes dossiers, m'insérer dans un nouveau rôle où l'on attendait simplement de moi que je me taise.

Seule Alix comprenait que ma colère d'être désavoué ainsi était bien inutile. On m'attribuait un rôle non écrit, quelle chance! Je n'avais qu'à l'écrire moi-même.

IV

BIFURCATION

Retour à la case départ

Automne 1964. Le temps est maussade; moi aussi.
J'entre à l'Ined où personne n'a besoin de moi. Je suis
en surnombre. Je n'aurai qu'à y attendre confortable-
ment l'âge de la retraite. A trente-neuf ans, c'est stupide!

Contre toute attente, deux hommes sont là pour
m'accueillir, le directeur de l'Ined, Jean Bourgeois-
Pichat, et Louis Henry, l'un des pères fondateurs de la
démographie. Accueillir est le mot juste. Au-delà de la
solidarité polytechnicienne, ils avaient senti que je
venais de subir un mauvais coup, ils me reçurent avec
chaleur et cherchèrent à m'aider. Leur plus précieux
conseil fut de m'inciter à retourner à l'université pour
m'initier à la démographie. Je le suivis sans être vraiment convaincu. J'avais le sentiment d'un recul. Après
avoir été ingénieur en chef, directeur-adjoint, après
avoir bénéficié d'un secrétariat personnel, après avoir
trouvé bien naturelles à mon égard les attitudes de
révérence réservées à ceux qui détiennent une parcelle
de pouvoir, je me retrouvais dans la position de l'étudiant moyen, anonyme.

Alix faisait mieux que m'encourager, elle se réjouis-
sait pour moi de ce bouleversement. Ma brève
approche du monde politique, ma participation aux
jeux du pouvoir, l'avaient inquiétée. Elle en percevait

l'insignifiance, camouflée par l'agitation fébrile de ceux qui se rendent importants en sacrifiant soirées et fins de semaines à des réunions interminables. Elle sentait le danger d'une hypocrisie acceptée d'abord par jeu, puis pratiquée un jour par intérêt. Cette possibilité de repartir à zéro lui semblait une ouverture, un renouvellement.

Je redevins l'étudiant sérieux, plongé dans ses livres et préparant ses examens. Je restais insatisfait : la démographie est une discipline faisant, certes, appel à beaucoup de finesse, de précision, mais elle est plus une technique qu'une science. Il s'agit d'observer, de mesurer, de définir des paramètres caractéristiques : quotients de mortalité, taux de fécondité, taux de reproduction... Tout cela permet de décrire au mieux la réalité, de reconstituer la chronique des événements qui ont abouti à la structure actuelle de la population, d'en extrapoler le prolongement dans l'avenir, mais ne donne guère d'informations sur le processus qui sous-tend cette chronique. Une science peut-elle se contenter d'observer ? Affiner avec acharnement les instruments de mesure est utile si la vision qu'ils rendent de plus en plus précise débouche sur une tentative d'explication du réel, sur une remise en cause conceptuelle apportant un nouveau regard, de nouvelles questions.

Approche de la génétique

Le créateur de l'Ined, Alfred Sauvy, avait eu pleine conscience de ces limites de la technique démographique. Il avait, dès le départ, créé à l'Institut des services chargés de développer d'autres disciplines, économie, psychologie, génétique. Ce dernier domaine avait été confié à un homme aux multiples talents, Jean Sutter.

Jeune médecin, il avait été enthousiasmé par l'œuvre d'Alexis Carrel ; il avait profondément compris que la biologie allait s'engager dans de nouvelles voies, apportant de nouveaux pouvoirs, débouchant sur de nouvelles interrogations. Il était conscient de leur dimension éthique. Le développement en Grande-Bretagne de théories eugéniques dès la fin du XIXᵉ siècle, l'avènement du nazisme en Allemagne au XXᵉ, montraient pour lui, à l'évidence, que politique et compréhension de la réalité biologique allaient de plus en plus interférer. Il ne suffisait pas de s'opposer à certaines doctrines au nom d'autres doctrines posées *a priori*. Il fallait profiter du regard apporté par ces nouvelles disciplines scientifiques, dans l'intérêt même d'une société en mouvement.

Parmi ces disciplines, Jean Sutter en privilégiait une, connue alors seulement de quelques spécialistes, la génétique des populations humaines. Elle s'édifiait sur les ruines de l'anthropologie classique. Pendant plus d'un siècle, les anthropologues s'étaient efforcés de définir les divers « types » humains rencontrés sur la Terre, de les classer selon leur plus ou moins grande ressemblance, de les assembler en « races » et en « sous-races », considérées comme les branches et les rameaux de l'arbre évolutif de notre espèce. Des discussions sans fin opposaient les tenants des diverses solutions proposées. Jusqu'au jour où la redécouverte des concepts proposés par Mendel remit tout en question.

Une « race » n'a de réalité que si ses caractéristiques restent stables de génération en génération. Cette stabilité résulte du processus de transmission. Mendel nous apprend que, dans les espèces sexuées, notamment dans la nôtre, les parents ne transmettent pas leurs caractéristiques mais la moitié des facteurs, nous disons maintenant les gènes, qui en eux gouvernent ces caractéristiques. Ils ne transmettent ni la couleur de leur peau, ni leur taille, ni leur système sanguin, mais la moitié des gènes qui déterminent ou influencent leur couleur de peau, leur taille, leur système sanguin. Le bouleversement conceptuel ainsi apporté par Mendel est aussi décisif, aussi difficile à faire entrer dans notre vision du monde et de nous-mêmes, que celui apporté par Copernic et Galilée ôtant à la Terre le privilège d'être le centre du monde.

Pour les anthropologues, l'objet des observations avait changé de nature. Ils ne devaient plus s'intéresser aux apparences, aux « phénotypes », mais aux causes de ces apparences, seules transmissibles de génération en génération, les « génotypes ». Deux populations seraient considérées comme appartenant à la même race non plus si elles se ressemblaient mais si elles avaient des patrimoines génétiques semblables.

De leur côté les médecins devaient revoir tous les raisonnements liés à l'hérédité. Ce concept flou, mélangeant transmission biologique, transmission culturelle et contagion, pouvait enfin recevoir une définition précise. Les éternelles discussions sur la consanguinité et ses effets prenaient une autre direction ; l'apparentement devenait objet de mesure. De nombreuses équipes s'étaient lancées avec enthousiasme dans ces nouvelles recherches. Pour pouvoir déboucher sur des expérimentations, elles s'étaient intéressées à des espèces animales, de préférence peu coûteuses à entretenir comme la célèbre mouche du vinaigre, la drosophile. On en élevait des milliers dans des « cages à population » où l'on observait l'évolution de la fréquence des mutations introduites. Plus rares étaient les chercheurs qui appliquaient ces nouveaux concepts aux populations humaines.

Lors de la mise en place de l'Ined en 1945, Jean Sutter fut chargé de la partie « qualitative » des recherches. Les autres services s'intéressaient au « quantitatif », effectifs, taux de mortalité, taux de reproduction, etc. Lui devait répondre aux questions concernant la « qualité » biologique des individus procréés. L'inspiration restait très proche des idées d'Alexis Carrel ; il s'agissait d'eugénique, mot qui sert d'ailleurs de titre au premier ouvrage publié par J. Sutter. Mais, très vite, il prit conscience des dangers vers lesquels menait une telle voie et s'orienta vers l'analyse d'un problème précis : les conséquences sur la descendance de l'apparentement des procréateurs. Bouillonnant d'idées, mais à court de moyens matériels, il n'avait de cesse de communiquer à tous ses interlocuteurs son enthousiasme pour les travaux qu'il entreprenait. Connaissant ma formation antérieure, et ma disponibilité, il entreprit de m'enrôler dans ses maigres troupes. Son langage de médecin était fort différent de mon langage de polytechnicien; cela ne l'empêchait pas de m'assener, à chaque rencontre, des discours enflammés dont, ne comprenant pas le détail, je retenais l'essentiel : l'importance de ce nouveau regard sur la réalité biologique. Mon incompréhension même devenait un moteur, une incitation à aller explorer moi-même le cœur de ces raisonnements.

Un château à peine entrevu dans la brume excite plus notre curiosité qu'une façade entièrement livrée à notre vue sous le soleil. Je percevais des fragments de démonstration, des lambeaux de développements, cela me stimulait, j'avais besoin de les relier de façon cohérente, de les plonger dans un ensemble que je pourrais intégrer dans mes références personnelles.

Je voyais dans ce travail l'occasion de renouer avec de vieux projets, enfouis, jour après jour, sous l'accumulation d'autres objectifs. Après quelques rencontres avec Jean Sutter, ma décision était prise. Parallèlement à l'étude de la démographie, j'allais entreprendre celle de la génétique. Il fallait reprendre les choses à la base, m'inscrire à l'université, passer des certificats de licence, suivre le cours normal du trajet d'un étudiant en biologie.

Mon cerveau n'avait plus la belle souplesse de mes vingt ans; les filles et les garçons que je côtoyais sur les bancs de Jussieu semblaient apprendre beaucoup plus facilement que moi les mots nouveaux, les résultats d'expériences devenues classiques, les théories ébauchées à leur propos. Il n'était pas question de risquer un échec. Je mis les bouchées doubles, faisant appel à mes vieux réflexes de taupin, assez rouillés par quinze années de vie professionnelle. Je me rendais compte que ces quinze années avaient réellement laminé mon activité intellectuelle, consacrée, jour après jour, à résoudre de faux problèmes, à prendre au sérieux des questions dont la finalité était souvent insignifiante. Je m'étais engourdi sans m'en apercevoir. Le choc des cours à assimiler, des examens à ne pas rater, fut brutal. Il m'obligea à sortir du marécage.

Mes rapports avec nos trois fils en furent modifiés. Mes quarante ans se rapprochaient de leurs dix-quinze ans; nous éprouvions les mêmes affres devant les échecs possibles, nous faisions les mêmes efforts pour les éviter.

De Paris à Stanford

Lançant chaque semaine de nouveaux projets, Jean Sutter était de ces hommes qui provoquent les événements, un *Deus ex machina* qui bouleverse le paysage. J'allais terminer mon apprentissage universitaire de la génétique des populations, lorsqu'il m'annonça : « L'université de Stanford offre un poste, pour un an, à un chercheur spécialisé, à la fois, en mathématique, en génétique, en démographie. Je viens de répondre que je connais l'homme idoine. Vous. » Il avait conscience d'un certain bluff; j'étais dans ces matières beaucoup plus un apprenti qu'un spécialiste. Je me sentais plus proche d'un manœuvre que d'un O.P. Mais il balayait d'un geste mes objections. « Professionnel, on le devient. Vous n'avez qu'à travailler, lire, participer à des réunions, à des colloques, réfléchir. Lancez-vous! »

La perspective était tentante, pour moi, mais aussi pour la famille. Un an en Californie, ce pays de tous les rêves, de toutes les réussites. Avec enthousiasme, Alix, Bertrand, Pierre et Benoît me poussèrent à accepter.

Nous avions tous le sentiment d'une occasion : faire ensemble une telle expérience! Il faut la faire au mieux; au diable l'avarice; les problèmes financiers, on les réglera au retour. Tout simplement, pour traverser l'Atlantique, nous embarquons sur le *France*.

Le souvenir de ces cinq jours merveilleux reste vif. Les promenades dans le vent du pont supérieur, la lecture au soleil face à l'océan, la découverte des coulisses de l'immense paquebot, les séances de spectacle, font de ces jours de vingt-cinq heures (la vingt-cinquième étant due au décalage horaire lentement absorbé) une succession de plaisirs. Émotion finale profonde, lorsque après le passage sous le pont Verrazzano, nous assistons fascinés, accoudés à la rambarde, à la lente apparition, dans la brume matinale, des gratte-ciel de Manhattan. Dans quelques heures, la douce quiétude, les journées passives du *France* seront oubliées; il faudra agir, décider, se battre. L'angoisse est là devant tant d'inconnu. Pourtant nous sommes attendus, une université m'invite, toute une organisation est disponible. Je pensais à ceux qui, longtemps auparavant, avaient approché ce port, sans rien savoir de ce qui les attendait; il y avait le même brouillard, mais à peine une ville. Ils avaient tout à construire.

Les premières impressions sont, contre toute attente, déplaisantes. Dans ce pays qui a su, plus qu'aucun autre, accueillir des immigrants, les formalités tatillonnes de débarquement n'en finissent pas. Je l'ignorais alors, mais le fameux « Immigration Act » qui protégeait l'Amérique de l'arrivée trop massive de peuples dangereux pour le niveau intellectuel national (Noirs, juifs, Siciliens, Slaves ou Québécois...) était encore en vigueur. Il ne sera supprimé qu'en 1967. Dans ce pays synonyme de richesse, de modernisme, les premières rues traversées dans un taxi bringuebalant exhibent la misère et la saleté. Il faut traverser les nombreux blocs des sinistres quartiers portoricains avant de trouver le luxe orgueilleux si souvent décrit.

Une semaine à New York et à Boston, le temps d'acheter une Ford Mustang rouge vif qui va être, durant un an, la nécessaire compagne de la famille, et nous entamons le parcours « coast to coast ». Niagara, Chicago, les plaines sans fin de l'Iowa et du Dakota, les Rocheuses, la Colombie britannique, San Francisco. Le mois de vacances ne fut pas de trop pour absorber ces milliers de kilomètres sur des routes droites où la moindre infraction à la vitesse limite risque de coûter fort cher. Les grands souvenirs sont, bien sûr, ceux laissés par les parcs nationaux; une nature remarquablement préservée, des visiteurs parfaitement respectueux des animaux et des plantes. Même les bêtes « sauvages » adoptent une allure débonnaire et un peu trompeuse : il nous fut bien difficile de nous débarrasser d'une ourse énorme qui, les deux pattes agrippées à la portière, la tête passée par la fenêtre, exigeait notre provision de gâteaux.

Saturés de paysages, grandioses dans leur monotonie même, fatigués des haltes successives dans des motels de catégorie de moins en moins élevée à mesure que nos ressources s'épuisaient, nous arrivons enfin à Palo Alto, la petite ville qui s'est développée à côté de l'université de Stanford. Les choses sérieuses commençaient.

Projet avorté

Ou plutôt devraient commencer, mais...

J'avais été recruté comme *research worker* dans le service de génétique de l'école de Médecine. Le service avait pour patron Joshua Lederberg, prix Nobel en 1958, à la suite de ses études sur la « sexualité » des bactéries. Le mot « sexualité » est sans doute excessif pour des êtres unicellulaires, mais leur comportement, tel que Lederberg le mit en évidence, évoque l'essentiel du processus sexuel, la production d'un individu à partir de deux. Les bactéries en question se répartissent en deux catégories désignées, non sans arrière-pensées, par les termes « plus » et « moins ». Les « plus » ont la capacité, après avoir dédoublé leur chromosome par la méthode habituelle, de l'injecter en totalité ou en partie dans les « moins », en qui ce fragment de chromosome se substitue au patrimoine génétique initial. Au terme de cet envahissement de la bactérie « moins » par une copie partielle de la bactérie « plus », apparaît un être intermédiaire ayant une définition génétique provenant de deux origines. La découverte de cette préfiguration, assez pittoresque et inattendue, de la procréation méritait bien un Nobel.

Muni de cette médaille, J. Lederberg pouvait recevoir, presque sans limite, des crédits pour des recherches qui, proposées par d'autres, auraient été jugées farfelues. Il s'était aperçu de la difficulté de passer des études sur les bactéries à celles concernant la seule espèce qui nous intéresse vraiment, la nôtre. Avec les hommes et les femmes, impossible de faire des expériences en suivant fidèlement un protocole précis. Démarche peu rigoureuse, immorale et surtout, trop longue! Les générations de bactéries ou de drosophiles se succèdent rapidement, les générations humaines défient la patience de l'expérimentateur. Le génie de Lederberg consistait à imaginer des dispositifs expérimentaux déjouant les obstacles, apparemment insurmontables, opposés par la nature des choses. Puisqu'on ne peut pas attendre le résultat futur de croisements réalisés aujourd'hui dans notre espèce, observons le résultat apparaissant aujourd'hui de croisements réalisés dans le passé. Ces croisements au hasard sont si nombreux que l'on a bien une chance d'y trouver les cas correspondant aux expériences projetées. La matière première de telles recherches existait, gratuite : il suffisait d'analyser les informations recueillies lors des recensements réalisés tous les dix ans, à un rythme immuable fixé aux États-Unis par la Constitution. Le généticien et démographe, Walter Bodmer, avait la charge de concrétiser cette recherche. Dynamique, passionné, il était la locomotive du projet. C'est lui qui avait écrit à Sutter. Mon rôle devait être de faire l'inventaire des données disponibles, préciser leur signification, mettre au point les méthodes d'analyse, interpréter les résultats : on allait pouvoir observer la répartition dans la population de certaines particularités liées au patrimoine génétique (qu'elles soient pathologiques ou simplement pittoresques) et préciser leur mode de transmission de parents à enfants.

Hélas, quelques jours avant mon arrivée à Stanford, une décision du Bureau of Census, de Washington, avait tout remis en cause. Les autorités fédérales s'étaient aperçues que les données du recensement comportaient des informations confidentielles; leur transmission à une université de statut privé était illégale. La recherche pour laquelle j'avais été embauché devenait irréalisable, faute de données de base. Amère déception. Mes collègues américains ne semblaient pas autrement surpris de cet épisode; ils avaient l'habitude d'obstacles inattendus, infranchissables, surtout lorsqu'ils sont dus à la rigidité des règlements administratifs.

« Alors que dois-je faire? – Mais, ce que vous voulez. » Une fois de plus mes prévisions se trouvaient bouleversées; je compris vite cette fois, que le sort ne me jouait nullement un mauvais tour; il m'offrait une chance. Si nous rencontrons une muraille, ne nous débattons pas vainement, explorons d'autres voies. Dans des conditions de travail idéales, je n'avais qu'à me fixer moi-même un thème de recherche. Aucun autre obstacle alors que mon incompétence, ma paresse ou mon manque de confiance en moi; à moi de les surmonter.

Premiers travaux personnels

Une caractéristique m'a frappé dans les rapports entre chercheurs, professeurs, étudiants américains : l'absence apparente de toute hiérarchie. Lorsqu'il s'agit de préciser un point, d'affiner une question, le jeune chercheur est à égalité avec le directeur du département. L'absence de la nuance entre le « tu » et le « vous », si discriminante en français, l'appellation systématique de chacun par son prénom, contribuent à uniformiser les rapports. On est loin des « monsieur l'Inspecteur général », « monsieur le Directeur » dont j'avais l'habitude en France. Détails du comportement, peut-être, ils contribuent néanmoins à réaliser une mise en commun des intelligences. Les idées de chacun sont écoutées, discutées, critiquées avec autant d'impertinence, qu'elles aient été émises par le Nobel du groupe ou par le dernier embauché. Dans les séminaires, qui occupent de nombreuses soirées et se terminent souvent fort tard, les remarques, les propositions de tous sont mises en commun sans qu'il soit question d'appropriation. L'animateur présente sa recherche en cours, et ressort avec un projet parfois fort mis à mal, mais le plus souvent enrichi de nouvelles perspectives. L'imagination est venue du groupe, mais le projet reste celui de l'initiateur. Je n'ai jamais senti les réticences si fréquentes en France où l'on tait souvent ses idéees pour en rester propriétaire.

Pris dans le maelström des cours, des rencontres, des conversations impromptues à la cafétéria, j'ai pu rapidement dégager quelques axes pour mon travail personnel. Tout d'abord écrire un livre présentant un exposé aussi complet que possible des problèmes posés par la génétique mathématique. Avant de plonger dans une telle recherche sur un sujet nécessairement limité, il me fallait faire le tour de l'ensemble du domaine, brosser la toile de fond. Pour ne pas succomber à la paresse qui m'aurait fait négliger un secteur apparemment peu attirant, le plus sûr moyen était d'écrire un livre dont le titre même promettait un regard circulaire. Avant tout, j'avais besoin d'une excellente documentation. Tel était le cas; je pouvais à volonté aller chercher les ouvrages dans les rayonnages de l'immense *Library* de l'université, m'y installer, aller d'un livre à l'autre, reconstituer, de référence en référence, le cheminement d'une théorie ou la lente élaboration d'un concept. J'y passais des journées, émerveillé d'une collection ou aucun ouvrage, même très ancien, aucun article, même paru dans une revue confidentielle, ne semblait manquer. Je retrouvais le bonheur que j'avais connu enfant lorsque j'explorais les rayonnages de la bibliothèque municipale de Soissons.

La richesse principale d'une université, c'est sa bibliothèque. Pour comprendre le retard catastrophique des universités françaises il suffit d'un regard sur la misère inadmissible de leurs bibliothèques. Aux États-Unis les universités semblent bâties autour de leur *Library*, pour laquelle rien n'est trop beau.

Au bout de quelques mois, je voyais se dessiner la structure de mon futur ouvrage. Quelques chapitres prenaient forme. J'avais pris un parti : insister sur la définition des concepts et des paramètres introduits dans les équations, préciser les hypothèses qui conditionnent la validité des résultats proposés. La génétique mathématique est toute récente; la première formulation d'une « loi » exprimée par une équation, la loi de Hardy-Weinberg connue aujourd'hui de tous les débutants, date de 1908. Par la suite les divers auteurs ont proposé des notions nouvelles sans trop vérifier qu'elles étaient en cohérence avec celles déjà définies par d'autres. Des mots à l'aspect pourtant bien technique ont été utilisés par les chercheurs dans des sens différents, parfois même opposés. La première nécessité m'est vite apparue : afficher clairement les définitions et les respecter tout au long de l'exploration des divers secteurs.

Dans un domaine du moins je n'étais plus tout à fait un apprenti, celui de l'analyse de l'apparentement. Ce domaine avait été marqué par les réflexions d'un Français bien peu connu dans l'Hexagone mais cité par tous les généticiens américains, Gustave Malécot. Dès 1948, dans un livre au fort beau titre *Les Mathématiques de l'hérédité*, il avait proposé une façon enfin rigoureuse de mesurer l'apparentement.

S'il est un domaine où les idées reçues camouflent la complexité du réel, c'est bien celui-là. Dupont et Durand sont-ils apparentés? La question est simple, chacun peut y répondre; cette réponse dépend du nombre de générations ancestrales prises en considération. Si l'on remonte jusqu'à Vercingétorix ils sont certainement apparentés, car ayant quelques lointains ancêtres en commun. Si l'on s'arrête à leurs pères et mères, ils ne sont apparentés que s'ils sont frères.

L'apparentement ne caractérise donc pas la réalité, mais l'information que nous possédons à propos de cette réalité; et cette information est nécessairement partielle, sauf si l'on reconstitue les généalogies jusqu'à l'éventuel couple humain initial!

Quant aux conséquences biologiques de l'apparentement, elles ne peuvent être décrites qu'en tenant compte du processus de transmission de parents à enfants découvert par Mendel. Or ce processus a pour caractéristique essentielle de mettre en jeu une loterie. Chaque tirage au sort est fort simple : l'enfant reçoit de chaque parent, soit une copie du gène que celui-ci avait reçu de son père, soit une copie du gène reçu de sa mère ; deux éventualités ayant chacune la même probabilité, 0,50. Mais le nombre de ces tirages au sort est grand, celui des combinaisons possibles est tel qu'il défie l'imagination.

Pour chaque caractéristique élémentaire la présence d'un ancêtre commun apporte la possibilité pour Dupont et Durand d'avoir reçu deux gènes copies d'un même gène de cet ancêtre, deux gènes « identiques ». Impossible de savoir si cette possibilité s'est concrétisée, ou non ; mais la reconstitution des généalogies permet d'en calculer la probabilité. L'apport fondamental de G. Malécot a été de développer une mesure de l'apparentement entièrement fondée sur le raisonnement probabiliste. Jean Sutter, qui connaissait personnellement Gustave Malécot, avait parfaitement compris, malgré son peu de goût pour les mathématiques, que la seule voie d'exploration de ce domaine difficile avait ainsi été ouverte. Il m'avait incité à approfondir ces travaux et ceux des élèves de Malécot. A Stanford je constatai que l'admiration manifestée pour son œuvre par les généticiens anglo-saxons n'allait pas jusqu'à une compréhension en profondeur de ce qu'il apportait. Je fus chargé d'animer quelques séminaires à ce propos, je commençai à utiliser les concepts introduits par G. Malécot pour résoudre le problème central de la génétique, dont la solution n'avait été fournie jusque-là que pour les cas les plus simples : quelle information sur le patrimoine génétique d'un individu apporte la connaissance du patrimoine d'un de ses apparentés. Réponse évidente lorsqu'il s'agit de frères et de sœurs ou d'oncles et de nièces. Lorsque le père de l'un est le double cousin de la mère de l'autre, et sa mère la demi-sœur du père de l'autre, elle l'est bien moins. La solution pour des apparentements complexes s'exprime au moyen de deux longues équations. Les détails de mise au point de mon article à ce sujet, de son acceptation par une revue et de sa publication furent longs ; le résultat de cette recherche ne sera publié qu'en 1972 dans *Biometrics*. Mon premier apport en génétique mathématique. J'en étais assez fier, d'autant qu'il fut retenu deux ans plus tard dans le recueil des *Benchmark Papers* rassemblant les vingt ou vingt-cinq articles les plus marquants publiés dans chaque discipline, par l'ensemble des revues, depuis quelques décennies. La suite vaut d'être contée. Un collègue américain d'une université de North Carolina m'écrit quelque temps plus tard pour m'indiquer un cas particulier pour lequel mes deux équations, de toute évidence, sont insuffisantes. Il faut ajouter d'autres termes ; son raisonnement me convainc, je lui écris mon accord. Heureusement il a envoyé un double de ses remarques à un autre chercheur, en Californie, qui lui propose une autre solution. Un triangle épistolaire se met en place. Après avoir exploré bien des chemins détournés, nous finissons par trouver la formule correcte. Elle ajoute un terme supplémentaire à l'équation initiale, mais il est différent de ceux proposés en un premier temps. L'aventure me semble exemplaire : il n'est pas infamant de commettre une erreur, mais le chemin suivi doit être suffisamment défini ; ceux qui le parcourront par la suite doivent pouvoir y déceler les fautes de calcul ou de raisonnement, les approximations, les manques de rigueur. Celui qui explore un domaine pour la première fois risque fort de manquer de ténacité et d'oublier les zones marécageuses ; c'est ce qui m'était arrivé.

Simulations

A Stanford j'ai côtoyé pour la première fois un outil alors en plein essor, dont les performances promettaient de bouleverser bien des méthodes de recherche : l'ordinateur.

En 1966, ces performances étaient encore très en deçà de ce qu'elles sont aujourd'hui. Un seuil décisif venait cependant d'être franchi. Au calculateur disposant de soixante-quatre lignes de programme utilisé au centre mécanographique du Seita quelques années plus tôt, succédaient des appareils acceptant un logiciel au nombre d'instructions pratiquement illimité. Leur vitesse de calcul était telle qu'une nouvelle voie de recherche s'ouvrait, la simulation.

La méthode peut être qualifiée de « quasi expérimentale »; elle s'insère entre les classiques manipulations de laboratoire et les « expériences de pensée » ne mettant en jeu que des modèles abstraits : d'un côté les éprouvettes, les chaudières, les tuyaux, de l'autre les équations différentielles, les conditions aux limites, les solutions d'équilibre; entre les deux, des pseudo-expériences où les objets concrets sont remplacés par des codes, leurs caractéristiques par des nombres et où les processus de leurs transformations sont décrits par des programmes. Ces simulations sont particulièrement efficaces lorsque les processus comportent une part d'aléatoire. Les ordinateurs sont en effet parfaitement capables de générer des « nombres au hasard » et d'orienter la simulation en fonction du résultat obtenu. C'est le cas en génétique où l'événement élémentaire, la transmission des gènes, est le résultat d'une loterie. Le recours à l'ordinateur permet de décrire en quelques minutes la succession des transformations que va subir le patrimoine génétique d'une population au cours de quelques dizaines ou centaines de générations.

La formulation précise du problème, la mise au point du programme, la remise en chantier de l'ensemble en fonction des premiers résultats obtenus, entraînaient entre les membres de l'équipe à laquelle je participais des discussions passionnées. Le petit bâtiment construit dans le campus pour abriter les ordinateurs, où chacun venait apporter les lots de cartes contenant données et programmes puis rechercher les listings sortis des imprimantes, était le principal « salon où l'on cause » de l'université. A toute heure, la nuit comme le jour, le dimanche comme en semaine, les chercheurs de toutes disciplines et de tous grades s'y rencontraient et discutaient.

De ces rencontres naissaient souvent des idées nouvelles; elles entretenaient surtout un bouillonnement, une excitation, qui poussaient chacun à approfondir le problème qu'il s'était posé. Je ne sais plus à la suite de quelles incitations à l'étude des conséquences des diverses méthodes de contraception caractérisées par leur efficacité, j'effectuai mes premières « simulations ».

La Californie au quotidien

Je découvrais la richesse intellectuelle de l'université; toute la famille découvrait les aspects alternativement enthousiasmants ou repoussants de la vie quotidienne à Palo Alto.

Alix, citoyenne nouvelle et étrangère, avait très tôt été sollicitée pour faire partie de divers groupes féminins. Elle opposait de multiples refus pour ne pas devenir membre des *Singing mothers* ou des *Cooking mothers*. Elle finit par accepter l'entrée dans le *Cheese Club*, groupe d'épouses de professeurs, désireuses d'améliorer leur connaissance de notre langue; elles se réunissaient chaque semaine pour bavarder en français tout en se régalant de camembert et de roquefort. Ces dames firent quelques progrès en français, Alix beaucoup moins en anglais.

Les trois garçons furent immédiatement incorporés dans les écoles publiques; la chaleur de l'accueil et la qualité des installations les émerveillaient. Habitués aux grises écoles parisiennes datant de Jules Ferry, aux cours de récréation bétonnées, à une discipline souvent abusive, ils appréciaient les bâtiments neufs entourés de terrains de sport, où les élèves véritablement chez eux organisaient à leur gré des « parties » ou des rencontres sportives, même le dimanche. Sans que nous l'ayons demandé, des cours d'anglais supplémentaires furent organisés à leur profit. Le processus qui aurait pu faire de ces étrangers de futurs citoyens américains fonctionnait fort bien. Pour les deux plus jeunes, l'assimilation fut presque instantanée; au bout de quelques semaines, ils jouaient avec leurs nouveaux camarades en utilisant un jargon qui nous paraissait incompréhensible. Les quinze ans de l'aîné le poussaient à une attitude de refus. Il déroutait ses professeurs habitués à plus de conformisme de la part de leurs élèves.

Les week-ends et les quelques jours de vacances se passaient dans le parc national de Yosemite, dans les déserts de l'arrière-pays de Los Angeles ou sur la côte du Pacifique, entre ces petites villes aux noms rendus célèbres par tant d'auteurs : Big Sur, Monterrey, Santa Barbara, qui nous ont laissé des souvenirs éblouissants.

Ponctuellement, en fin d'après-midi, un brouillard épais monte de l'océan; pour lui échapper il faut trouver un chemin de terre grimpant dans la montagne qui borde la côte, sortir de la nappe presque obscure et émerger soudain en pleine lumière, juste avant que le soleil ne disparaisse. En montant ainsi dans un chemin apparemment abandonné, à la recherche du ciel, nous sortons du brouillard, découvrant à quelques centaines de mètres une grande bâtisse insolite dans cette montagne désertique, un couvent de Camalduldes. Étonné de cette visite inattendue, un moine vient à notre rencontre. Apprenant que je suis chercheur à Stanford, il va chercher le père abbé, ravi d'une conversation avec une famille française et avec un scientifique. Je me souviens de sa stupéfaction lorsqu'il m'entend parler de l'évolution du monde vivant, du néo-darwinisme, de la filiation des espèces. Comment des êtres apparemment sensés peuvent-ils ainsi remettre en cause l'explication biblique d'une création par Dieu de chaque espèce?

Déclic

Depuis 1961, les États-Unis intervenaient de façon de plus en plus ouverte au Viêt-nam, bombardant systématiquement, à partir de 1965, le Nord-Viêt-nam et envoyant des troupes américaines seconder l'armée démoralisée du Sud-Viêt-nam. Une intervention développée progressivement et ne provoquant que peu de réactions populaires; il s'agissait de défendre le monde libre contre l'emprise communiste, une croisade qui ne pouvait qu'entraîner l'adhésion d'un peuple habitué à une vision manichéenne du monde, un peuple qui, fondamentalement, croit au diable. Le diable, comme chacun sait, habite le Kremlin. Cependant, les effectifs américains envoyés à la rescousse du régime de Saigon pour venir à bout du Viêt-cong grossissaient sans cesse. Ils dépassaient, en 1966, trois cent mille hommes. L'armée de métier devenait insuffisante, il fallait faire appel aux conscrits; les jeunes, notamment les étudiants, étaient directement concernés. Ils ont commencé à se poser des questions sur le bien-fondé de cette guerre, sur le rôle qu'y jouait leur pays.

J'assistais à la montée de cette réaction étudiante. J'avais l'impression que les États-Unis allaient s'embourber là-bas dans un combat sans issue, comme la France l'avait fait vingt ans plus tôt. L'opposition à cette erreur ne se limitait pas, comme en France, à un ou deux partis politiques. Elle se manifestait, du moins dans les universités, de façon certes encore diffuse, mais peu à peu généralisée, dépassant les clivages habituels. Je crois bien que c'est à cette époque qu'est apparue la célèbre formule « Make love, not war ». Les réunions se multipliaient, les badges fleurissaient sur les vêtements. Une réflexion en profondeur était entamée: « Qu'allons-nous faire là-bas? Nous battons-nous contre un régime ou contre un peuple? » Les atrocités, tant dénoncées depuis, étaient alors complètement ignorées. Ce n'est pas pour s'opposer à la torture, aux massacres de villageois, au napalm ou aux défoliants, que les étudiants commençaient à organiser des manifestations, mais pour infléchir les engagements de leurs dirigeants et éviter de partir.

Moi qui n'avais jamais participé à la moindre « manif » en France, qui avais considéré plutôt avec mépris les cortèges dans les rues de Paris vociférant des slogans et portant des banderoles, je constatais que l'action des étudiants américains n'était pas sans influence. Les journaux, la radio, la télévision leur donnaient la parole. Les rodomontades des militaires sûrs de leur force tentaient de les ridiculiser, mais le pouvoir politique devait compter avec eux. Je me sentais de cœur avec leur action, mais j'étais un étranger qui n'avait pas à se mêler des affaires locales.

Je compris, dans cette université peu à peu bouleversée par des événements pourtant bien lointains, qu'aucune action n'est dérisoire. Je me promis de ne pas l'oublier. Les occasions de tenir cette promesse allaient, malheureusement, se multiplier.

Ainsi, quelques années après notre retour, je vibrai à l'éclosion du « printemps de Prague ». L'hiver définitif imposé dès le mois d'août par les troupes du Pacte de Varsovie me révolta. Un congrès de démographie devait avoir lieu à Varna en Bulgarie; j'y étais inscrit. Que faire? Pour ne pas paraître indifférent à ce qui venait de se passer avec la participation des troupes bulgares, j'annulai mon inscription et je dis pourquoi. Cinq années plus tard, alors que le seul dénouement possible de la guerre du Viêt-nam était devenu évident, que les troupes américaines allaient abandonner la partie, leur aviation accentuait l'intensité de ses bombardements. A Noël 1972, Hanoi et Haiphong subissaient un sort semblable à celui de Dresde en 1945. Invité à un congrès de génétique à Berkeley, je ne pus faire autrement que de réagir auprès des organisateurs du congrès pour leur expliquer pourquoi je n'avais plus le droit moral d'accepter leur invitation; j'envoyai à de nombreux collègues américains et français une copie de cette lettre :

« Je me réjouissais de participer aux travaux du congrès de génétique de Berkeley, d'y renouer tant de

contacts amicaux et féconds. Je n'irai pas à Berkeley et tiens à vous en préciser la raison.

« En septembre 1968, je devais assister à un symposium de démographie à Varna (Bulgarie). Après l'invasion de la Tchécoslovaquie, j'ai cru de mon devoir de ne pas participer à une manifestation officielle dans un pays qui avait pris part à cette agression. Comment pourrais-je maintenant participer à une manifestation officielle dans un pays dont l'aviation vient d'écraser délibérément Hanoi et Haiphong ?

« Je n'ai guère d'illusion sur la portée de mon geste ; mais, face à de tels actes, le sentiment d'horreur est accompagné de la rage de se sentir impuissant et tacitement complice. Marquer publiquement ma réprobation, m'apparaît la seule façon de sauvegarder le reste de dignité épargné par cette civilisation de violence. »

Contrairement à mon attente plusieurs collègues américains m'écrivirent pour me remercier. Ma lettre leur apportait un argument supplémentaire dans leur propre lutte. L'un d'eux me demanda même l'autorisation d'en transmettre une copie aux hommes politiques et aux journaux locaux. Je me souviens aussi de la réaction ironique, méprisante, d'un chercheur français : « Albert Jacquard déclare la guerre à Richard Nixon ! A ton avis qui va la gagner ? » On sait maintenant que Richard Nixon l'a perdue. Je n'ai pas d'illusion, évidemment, sur l'importance d'Albert Jacquard dans ce dénouement, mais je sais que, si des millions d'individus sans pouvoir n'avaient pas manifesté leur opposition, le cours des choses aurait été différent. Cette péripétie m'a fait comprendre le sens de deux proverbes chinois : « Que tu partes pour un voyage au bout du monde ou pour aller chercher de l'eau au puits, ton premier pas a la même longueur », et « Un flocon de neige est insignifiant, mais dans la tempête si des millions de flocons de neige s'accumulent sur un arbre, ils le font ployer et l'abattent ».

Mon contrat arrivait à son terme. Alix, comme moi, avait hâte de revenir. Nous étions travaillés par le besoin de la France. Sous le perpétuel soleil californien, l'hiver nous manquait. Notre anglais approximatif nous donnait l'impression d'être amputés d'une part de nous-mêmes. Quel supplice de devoir chercher avec effort les mots nécessaires pour formuler l'idée la plus simple. Quel désespoir de ne pouvoir exprimer avec spontanéité une opinion un peu nuancée! J'avais parfois l'impression que ma pensée, embourbée dans les difficultés de la traduction, se dégradaient. Les mots et les idées qu'ils expriment se construisent du même mouvement, s'entrelacent, s'influencent. Quand les mots font défaut, les idées s'étiolent.

Est-il naturel, est-il intellectuellement confortable d'être multilingue? J'ai compris en le subissant quotidiennement, pendant près d'un an, l'importance du handicap infligé à ceux qui doivent communiquer dans une langue autre que la leur. Certes, le français est, pour les peuples d'Afrique francophone, un pont entre des ethnies aux langues multiples; pour les scientifiques, l'anglais en est un entre des cultures abordant différemment les chemins de la connaissance; mais, pour reprendre une remarque de l'historien africain Ki Zerbo, peut-on passer sa vie sur un pont?

Bertrand était satisfait d'un nouveau changement de décor; Pierre et Benoît quittaient avec beaucoup de regret des camarades avec qui la vie quotidienne mêlait joyeusement école et jeux. Ils allaient compenser cette rupture par un nouveau voyage au long cours de San Francisco à Washington en passant pas les montagnes Rocheuses. A Las Vegas, les machines à sous nous ont donné plus de dollars qu'elles ne nous en ont pris; la démonstration du danger des jeux d'argent que je voulais faire en bon père de famille fut complètement ratée. Suivaient la vallée de la Mort, le Texas, La Nouvelle-Orléans, enfin les États du Sud d'*Autant en emporte le vent*. Faute de temps et surtout d'argent, le voyage de retour au-dessus de l'Atlantique fut moins grandiose que l'aller. Nous avons dû nous contenter du Boeing Washington-Paris.

Une étape était franchie. J'étais définitivement engagé dans une voie nouvelle, la recherche en génétique. Je n'avais encore en main que des bribes de théories, les embryons de futurs articles, un squelette de livre.

Certaines avancées étaient irréversibles. La notion même de « carrière » à bâtir changeait de sens. Il ne s'agissait plus, comme au Seita ou au ministère de la Santé, de gravir des échelons hiérarchiques et d'obtenir toujours plus de pouvoir; il fallait approfondir des interrogations, comprendre les réponses toujours partielles, provisoires, apportées par les multiples chercheurs, tirer les conséquences de cette lucidité peu à peu obtenue pour mieux me diriger dans le brouillard des incertitudes quotidiennes.

Je commençais à discerner que ce cheminement aboutirait nécessairement à des engagements encore imprévisibles. Pour l'heure, je me satisfaisais d'une maîtrise nouvellement acquise dans le maniement des concepts de la génétique mathématique.

V

BALISE

Satisfaction d'être « chez soi », de pouvoir enfin comprendre et s'exprimer sans effort, vite submergée par le sentiment de se laisser enfermer dans un piège, un moule quitté le temps d'une escapade. Les plus déçus sont les trois garçons. Ils retrouvent des écoles plus semblables à des prisons qu'à des terrains de jeux. Plus grave que l'apparence des bâtiments, l'état d'esprit qui y règne. L'objectif de chaque classe : préparer l'entrée dans la classe suivante, et pour cela déverser dans les cerveaux les matières inscrites au programme. Les élèves sont considérés comme des boîtes à lait que l'on remplit, selon la métaphore du psychologue anglais Cyril Burt, célèbre pour les falsifications commises dans ses études sur l'héritabilité du quotient intellectuel. Au rythme fixé par les directives du ministère de l'Éducation nationale, des fragments de savoir meublent peu à peu leurs têtes. A ce petit jeu, certains semblent avoir une capacité plus grande, les surdoués, d'autres plus faibles, les sous-doués. Tout se passe comme si l'éducation scolaire consistait à assener des réponses toutes faites, décourageant toute tentative de questionnement. Dès le certificat, ils savent tous la date de la bataille de Marignan ; à la fin de leurs études supérieures, ils ne savent toujours pas contre qui le roi de France s'y battait, et ne se sont jamais posé la question.

Après une année riche d'images, d'émotions, de rencontres, nos fils constataient que tous ces apports n'avaient aucune valeur dans le milieu scolaire qu'ils réintégraient. Malgré les cours par correspondance, fort remarquables, du CNTE de Vanves, ils avaient perdu le contact, s'étaient éloignés de la norme officielle. Comme dans un jeu de l'oie, ils n'avaient plus qu'à reculer d'un cran. Ils vivaient cela comme une défaite personnelle, une raison de perdre confiance en eux.

La consanguinité et ses effets

Je retrouvais l'Ined et Jean Sutter. Avant tout il me fallait terminer les recherches commencées à Stanford, rédiger des articles, mener à terme mon « traité ». Un travail plus ambitieux que des études ponctuelles; je m'efforçais de parcourir l'ensemble du domaine de la génétique mathématique.

Jean Sutter était particulièrement intéressé par les développements que j'avais donnés, durant mon séjour à Stanford, aux réflexions sur l'apparentement. Elles étaient pourtant fort éloignées de ses propres recherches. Médecin, homme de terrain, il ne voyait nullement dans la parenté un concept abstrait source de paramètres probabilistes subtils. Il s'agissait pour lui d'une réalité bien tangible : lorsqu'un couple procréateur est consanguin, les enfants sont supposés moins robustes, plus sujets à diverses maladies, leur mortalité est plus élevée. Face à cette idée reçue, répétée depuis des siècles, il avait eu, dès ses premiers travaux à l'Ined, une attitude scientifique en s'efforçant d'observer au mieux la réalité. Pour y parvenir, il avait obtenu dans deux évêchés, ceux du Loir-et-Cher et du Morbihan, la liste des dispenses accordées par l'Église pour les mariages entre cousins germains et cousins issus de germains. Il était parvenu à retrouver la plupart de ces familles, à en reconstituer l'histoire, à caractériser l'incidence des diverses maladies dans la descendance, à mesurer la mortalité infantile. Ce travail immense l'avait conduit dans les fermes les plus reculées. Les résultats publiés en 1952 font encore autorité. Les seules études équivalentes ont été présentées par des équipes américaines. Ces chercheurs ont étudié les effets de la consanguinité dans les deux préfectures d'Hiroshima et Nagasaki. Après 1945, des crédits presque illimités ont été accordés aux scientifiques américains situant leurs travaux près de ces deux villes, même si ceux-ci n'avaient rien à voir avec les conséquences des bombardements atomiques.

Sutter en 1952, les généticiens américains en 1965, aboutissaient à des résultats relativement convergents : dans la descendance des couples consanguins la mortalité était fortement accrue. Les craintes de toujours à l'égard de ces unions se confirmaient. Cependant l'intensité de cet effet était très différente d'un département français à l'autre, ou d'une préfecture japonaise à l'autre. Le phénomène étudié résultait donc de multiples interactions. Les conséquences des mécanismes génétiques en jeu se trouvaient modifiées, parfois occultées, parfois augmentées, par l'intervention de facteurs non biologiques, mode de vie, habitudes alimentaires, niveau social... L'analyse un peu fine des réalités génétiques évoquées par des mots trop facilement acceptés, « consanguinité », « parenté », remettait en cause la base même des raisonnements tenus.

Mes dialogues presque quotidiens avec Jean Sutter à ce propos mettaient en évidence la différence de nos approches. Rétrospectivement, j'admire sa capacité à supporter un langage aussi lointain du sien, à comprendre, sans chercher à en parcourir toutes les sinuosités, des raisonnements de « matheux », alors qu'il restait fondamentalement un médecin. Nos discussions ressemblaient à la juxtaposition de deux monologues, mais où les paroles de chacun faisaient leur chemin chez l'autre. Grâce à notre confiance réciproque, elles aboutissaient à une collaboration fructueuse.

Il avait mis en place une étude complémentaire dans le département des Vosges. Elle était structurée de façon à éliminer toutes les causes de biais statistiques, les couples « témoins » étaient choisis parmi les frères et les sœurs des membres du couple consanguin étudié. Cela compliquait beaucoup la recherche des données, mais assurait la comparabilité des divers groupes. Le résultat de cette enquête, menée avec une extrême rigueur, a été inattendu : aucune différence significative entre couples consanguins et couples non consanguins. Le seul écart observé était lui-même ambigu : les couples consanguins étaient plus fréquemment « stériles ». Cette absence de descendance était-elle la conséquence biologique de la consanguinité, ou le résultat d'une abstention volontaire de la part de ces couples rendus inquiets par les craintes partout formulées à propos de la consanguinité? N'était-on pas en présence d'une prévision « autoréalisatrice »?

Cette dérobade de la réalité, de moins en moins cernable à mesure que l'on améliore les techniques de sa description, déroutait quelque peu Jean Sutter. Les belles certitudes apportées par les premières observations s'évanouissaient dans le flou de résultats incohérents ou difficilement interprétables. Il en sentait l'importance, car il s'agissait de problèmes de santé publique parfaitement concrets. Pour moi, qui ne m'intéressais qu'à l'aspect théorique, l'intrusion des concepts d'incertitude et d'indécidabilité dans ce domaine de la recherche était au contraire source d'intense satisfaction. Des événements d'une tout autre nature allaient se charger de nuancer cette douce quiétude.

Mai 68

La rigidité du système scolaire, le conservatisme et le manque d'imagination du système universitaire fermé aux disciplines nouvelles, avaient été pour moi un choc au retour des États-Unis. Il s'atténuait au fil des mois. J'étais de ceux qui crient de temps à autre « Tout est à changer ». Conscient de mon impuissance, comme bien d'autres, je ne tentais rien pour provoquer un changement.

Mai 68 explose. La contagion de l'invraisemblable devenant évident, de l'impossible devenant réalité, atteint en quelques jours, à partir de l'épicentre de Nanterre, les universités, les lycées, les collèges, les usines. Le plus habile des politiques n'aurait pu obtenir un raz de marée aussi rapide. La force de la vague venait de sa spontanéité. Personne ne l'avait voulue, personne ne l'avait prévue, rien ne s'opposait, pendant un temps, à son déferlement. L'étincelle avait jailli du système éducatif, justement là où les bouleversements les plus décisifs étaient nécessaires. J'étais de cœur avec ceux qui cherchaient la plage sous les pavés, en connivence avec ceux qui, au nom de la raison, demandaient l'impossible.

Pour autant, je ne descendais pas dans la rue. Je n'y trouvais pas ma place. J'admirais la capacité des jeunes rassemblés par centaines de milliers place Denfert-Rochereau à faire trembler le gouvernement, si sûr de sa puissance quelques jours auparavant. Ils n'avaient guère besoin de mon renfort.

Comme partout, des « assemblées générales » se succédaient à l'Ined. A un rythme infernal, toutes les structures se trouvaient passées au crible, considérées comme définitivement détruites, remplacées par mille projets. Sans leader, sans tête d'affiche, les A.G. permettaient à chacun de s'exprimer, et, pour certains, de découvrir qu'ils étaient capables de le faire. Pendant quelques semaines, une seule crainte : rester en retard d'une révolution dans une société qui allait, de toute évidence, changer totalement de structure, devenir méconnaissable.

Alix participait aux assemblées générales de l'école du Louvre où elle terminait la rédaction de sa thèse; Bertrand était délégué de sa classe au lycée. Partout la société française s'était transformée en un vaste chantier; c'était sûr, on allait construire un bâtiment tout nouveau.

Petite farce du hasard : au printemps 68 mon beau-frère américain, professeur à la Business School de Harvard, était venu s'installer pour six mois à Paris. Le spectacle de la France entière en cet état d'ébullition le laissait ahuri. Pour lui, il ne pouvait s'agir que d'une crise de folie absolue. Comment pouvait-on laisser se développer un tel chaos dans un pays civilisé ? Comment des personnes qu'il aurait crues raisonnables, nous, sa famille française, pouvaient-elles se laisser entraîner dans ce jeu absurde ? Tout cela n'était à ses yeux que temps perdu. Sans en arriver aux mains, nos discussions restaient vives.

Toutes les organisations étaient gagnées par ce bouillonnement. Les syndicats prenaient le relais ; la vie économique était plongée dans une espèce de coma, qui déjouait les remèdes politiques. Le réflexe du pouvoir était d'utiliser la force ; le ministre de l'Éducation nationale voulait rétablir l'ordre dans les universités grâce à l'intervention de l'armée. Éternel recours de ceux qui n'ont plus prise sur les événements.

Après la vague joyeuse est arrivée l'écume. Boulevard Saint-Michel, des platanes ont été sciés. En voyant ces moignons d'arbre, je me suis senti trahi. En quelques jours le reflux s'est généralisé. Je me souviens de la tristesse pesante qui nous étreignait, Alix et moi, lorsque nous avons vu, un samedi après-midi, les CRS grouiller dans tout le Quartier latin ; ils venaient de « nettoyer » la Sorbonne et l'Odéon des derniers « révolutionnaires ». Il pleuvait. C'était fini. L'ordre était rétabli.

Pendant quelques jours, on s'était ébroué dans un bain d'utopie. Puisque tout était à refaire, il fallait réinventer le possible. Le slogan resté fameux « Soyez raisonnables, demandez l'impossible » n'était-il pas inconsciemment un écho de la parole évangélique : la Foi déplace les montagnes. Les seules choses impossibles sont celles auxquelles on ne croit pas. En tout cas, l'absence de foi laisse impuissant devant la moindre taupinière.

Dès l'été 68, la fièvre est retombée. Politiciens, syndicalistes, citoyens, ont repris leur jeu habituel. Les premiers ont promis, les seconds réclamé, les autres attendu. Chacun est ensuite parti en vacances comme si rien ne s'était passé.

Quelque chose d'irréversible s'était cependant produit, inscrit dans la mémoire de chacun. Les structures apparemment les plus stables, les plus impassibles, avaient frémi, tremblé, montré leur fragilité. Nous avions vu le pouvoir débarrassé pour quelques instants de ses cuirasses et de ses ors; nous l'avions vu tel qu'il est vraiment, nu et faible.

La leçon ne s'en est pas dégagée pour moi sur l'instant; mais le souvenir de ces journées, dont la description aurait semblé, quelques semaines plus tôt, relever de la science-fiction, a définitivement changé mon regard. Dans l'effondrement général des structures, les ministres, les grands chefs de tous poils, ne manifestaient qu'affolement et impuissance; les syndicalistes couraient après leurs troupes, les chefs militaires ne sortaient plus qu'en civil. Seules quelques rares personnalités émergeaient, comme insensibles aux péripéties, n'ayant pas perdu leur propre cap. Ainsi Georges Pompidou, Georges Séguy, Maurice Grimaud.

Lorsque les repères disparaissent, maintenir son objectif n'est possible qu'à ceux qui l'ont patiemment défini au préalable. Ceux qui, à certaines périodes ont paru diriger les événements de 68, les quelques leaders étudiants dont les noms s'étalaient dans les journaux, n'ont pu aboutir car ils ont eux-mêmes été surpris des possibilités soudain offertes. Les ont-ils seulement perçues?

Toute occasion est bonne de s'approcher d'un objectif choisi. Une longue réflexion anticipant le moment favorable et un patient travail de construction sont nécessaires, pour agir, le moment venu, avec tout le poids d'une conviction réelle, d'un espoir largement partagé.

Accouchement

Ma réflexion restait pourtant axée sur mon travail en génétique, accordant un poids de plus en plus grand au raisonnement mathématique. Est-ce une pente naturelle ou le résultat de l'entraînement subi durant ma jeunesse? Je ne me sens en sécurité que si le développement des idées peut s'appuyer sur un formalisme mathématique. Mon séjour à Stanford m'avait montré le rôle indispensable des outils mathématiques dans l'étude de l'évolution d'un patrimoine génétique au fil des générations. Lors des nombreux séminaires auxquels je participai, les biologistes apportaient des informations; les mathématiciens, Samuel Karlin, Marcus Feldman, McGregor, en tiraient les conséquences et dégageaient de nouvelles voies de recherche. Ils apportaient une féconde exigence de rigueur : la représentation d'un paramètre par une lettre n'est pas seulement une manie de savant Cosinus heureux d'aboutir à la conclusion : $x = 0$. La valeur de x a moins d'importance que la signification de x; que mesure-t-il? Si étonnant que cela paraisse, cette question n'est guère posée.

A mesure qu'avançait la rédaction de mon « traité » de génétique des populations, je découvrais des domaines entiers où les mots, au lieu de servir la pensée, la rendaient confuse, camouflant la subtilité des problèmes. Que de fois un même terme est utilisé pour désigner des réalités différentes : héritabilité, consanguinité, hasard... Pressé de boucler mon exploration rapide du domaine, je réservai l'analyse en profondeur de ces ambiguïtés pour des articles futurs. L'objectif de mon ouvrage était plus un survol de l'ensemble du terrain qu'une présentation exhaustive des diverses théories.

Grâce à l'appui de Jean Sutter, les éditions Masson acceptèrent mon manuscrit et publièrent en 1970 ce premier livre sous un titre très académique, *Structures génétiques des populations*. Je me rends mieux compte aujourd'hui de mon audace. Je présentais comme un « traité » ce qui était l'œuvre d'un apprenti : cinq années plus tôt je connaissais des lois de Mendel ce qu'on en apprend pour le baccalauréat.

Ce handicap est devenu un avantage; mon manque d'expérience m'avait fait écrire un livre qui ne ressemblait pas aux multiples traités équivalents parus à l'étranger. Ce caractère insolite attira l'attention des critiques, américains notamment, qui virent là une originalité, tout en lui reprochant son allure abusivement hexagonale, *gallic*. Les éditions Springer de New York proposèrent d'en publier une traduction.

La perspective d'être lu largement dans les universités américaines m'a amené à remanier en profondeur la version française. J'ai rajouté des chapitres entiers, tenant compte de travaux théoriques que j'avais réalisés entre-temps. Il en résulte un ouvrage assez différent, moins *gallic*. Cette mise au point m'a obligé à une recherche documentaire beaucoup plus large que la précédente, ce qui vérifiait la justesse de la stratégie initiale : pour bien pénétrer un domaine scientifique le plus sûr moyen est d'écrire un livre sur le sujet.

Enseigner, c'est-à-dire

Un autre moyen est d'enseigner ; tous les professeurs en ont fait l'expérience, l'obligation d'expliquer est la meilleure incitation à l'effort nécessaire pour comprendre. Au cours d'une démonstration au tableau on prend conscience d'un trou dans l'argumentation, d'un maillon manquant dans le raisonnement. En enseignant, je découvrais surtout le profond plaisir d'être face à un groupe attentif, j'étais sensible au surplus d'existence qu'apportent les regards d'un auditoire généralement amical, prêt à pardonner l'erreur, le bafouillage, l'explication incompréhensible. A une condition : le cours ne doit pas être considéré par l'orateur comme un cadeau offert, mais comme un travail commun. Il ne s'agit pas de se montrer, d'être en représentation, mais de participer. Le fameux trac ne peut alors avoir le moindre fondement : il reste le plaisir.

La parole, comme l'écriture, est d'autant plus aisée, qu'elle est plus exercée. J'ai accepté avec enthousiasme tous les cours proposés au DEA comme au Deug ; trop heureux d'adapter mon discours à des étudiants de niveaux très divers... Parfois très bas.

Je reste effaré devant des garçons ou des filles dotés du bac et qui ne font pas la différence entre le verbe « être » au présent de l'indicatif et le verbe « avoir » au présent du subjonctif. Ils sont gavés d'informations apprises pour le seul motif qu'elles étaient au programme, et présentées à leur esprit dans un désordre total, comme si apporter en vrac des pavés de mille couleurs était équivalent à présenter la mosaïque dont ils sont les éléments.

Le raisonnement probabiliste, constamment utilisé pour étudier la transformation du patrimoine génétique, ne représentait pour mes élèves, qu'une collection disparate de théorèmes, ajoutés à tous les théorèmes engrangés depuis la sixième. Jamais on ne leur avait dit qu'il s'agissait avant tout d'une attitude d'esprit et, accessoirement, d'une technique.

J'essayai de leur faire comprendre toute la finesse de Pascal s'efforçant de préserver la vigueur du raisonnement même lorsque les informations que l'on possède sont imprécises. Fidèle à ma stratégie, pour être sûr d'avoir compris moi-même, je rédigeai un livre sur le sujet.

J'éprouvai à cette occasion toutes les déconvenues d'un auteur. Son manuscrit sous le bras, il va d'éditeur en éditeur pour le faire publier. Successivement j'essuyai trois refus, formulés dans les mêmes termes : « Votre texte est excellent, mais il n'entre pas dans le cadre de nos collections... » Refus polis dont l'auteur n'est pas dupe; elles lui vont en plein cœur, ces flèches empoisonnées. Le quatrième éditeur sollicité accepta enfin, en 1974, de le publier au prix de multiples modifications. Mon second « enfant » fait maintenant partie de la grande famille des « Que Sais-je? ».

Année après année, j'ai vu se modifier l'attitude des étudiants dans le sens d'une passivité toujours plus grande, d'une soumission plus totale au système des examens, des classements, de la sélection. Ils sont prêts à apprendre n'importe quoi du moment que c'est inscrit dans la liste des mots et des formules à connaître, prêts aussi à admettre lorsqu'ils échouent aux examens qu'ils n'étaient « pas faits pour » devenir des médecins ou des chercheurs.

Ai-je été comme eux dans ma jeunesse? Je ne le crois pas. Il me semble que je me servais du système scolaire comme on utilise un supermarché; je butinais mes professeurs comme une abeille les fleurs; je faisais mon miel. Aux plus sombres périodes de mon parcours scolaire, je n'ai jamais eu de doute sur ma capacité à comprendre. Les résultats n'étaient certes pas brillants, mais personne, ni à l'école ni dans ma famille, n'en tirait la conclusion que j'étais, comme on dit maintenant, un « sous-doué ». Je n'aurai pas à subir l'étiquette qu'apposent l'échec scolaire et les « classes de rattrapage ». A tout moment, tout m'est resté ouvert. Sans ordre, sans structure, au gré de mes curiosités successives, j'ai pu amasser, comme un écureuil. La mise en cohérence s'est réalisée peu à peu au fil de mes remises en cause personnelles.

Aujourd'hui je suis prof. J'aimerais enseigner, à défaut de la ferveur, du moins la curiosité, provoquer l'appétit avant d'apporter la nourriture. J'aimerais faire comprendre à mes étudiants que l'essentiel est de découvrir par soi-même, au prix de l'exploration de multiples impasses. Le « savoir », pour moi, est une longue promenade. Qu'importe le parcours; l'essentiel est de marcher.

C'est en 1972, je crois, que j'ai enseigné pour la première fois. Quelques cours de troisième cycle à Normale sup. Je les préparais minutieusement, pesant chaque mot, étudiant avec soin l'articulation des arguments. De « bons » cours comme je n'en fais plus. Peu à peu, avec les étudiants du Deug, de la licence, ou du PCEM, j'ai changé de style. J'ai surtout compris l'incompatibilité entre les deux rôles que l'on fait jouer aux professeurs; d'une part enseigner, être dans le camp de l'élève, d'autre part sélectionner, être dans le camp de ceux qui le jugent. Je suis prêt à beaucoup d'efforts pour transmettre un savoir ou pour mettre en évidence les difficultés de notions plus subtiles qu'on ne l'imagine, consanguinité, dérive génétique, sélection naturelle. Pourquoi aurais-je à répondre à la question stupide : « quel est le meilleur de vos élèves ? ». A travers mes étudiants, c'est moi leur prof que je juge. Lorsqu'ils n'ont pas compris, c'est que j'ai mal expliqué. J'ai poussé sans doute trop loin la cohérence entre cette vision de mon rôle et mon comportement. Je n'enseigne plus à Jussieu.

Je revois cet après-midi de juin dans cette université qui probablement était alors (je ne sais trop ce qu'elle est devenue) la plus sale, la plus laide, la plus désorganisée du monde ; une poubelle où la société est satisfaite d'entasser le plus grand nombre de jeunes. Tant qu'ils sont là, ils ne font pas de sottises dans les rues. Assis par terre dans un couloir sombre, une vingtaine de garçons et de filles, le nez dans leurs livres et dans leurs notes, stressés, attendent pour passer un oral avec moi. Il me faut les interroger à tour de rôle, vérifier durant dix ou quinze minutes qu'ils ont compris le cours, les noter. Je m'en sens incapable, je change donc la règle du jeu.

« Entrez tous ensemble, nous allons faire un examen collectif. » Pendant trois heures, nous avons eu un échange sur tous les aspects du cours. Ils osent me dire ce qu'ils n'ont pas compris. Les plus riches d'informations pour moi sont ceux qui n'ont décidément pas compris grand-chose, mais qui, ce jour-là, sont du moins capables de l'avouer. Précisant leurs incompréhensions, ils constatent qu'elles se réduisent à peu de difficultés ; en les exposant, ils commencent à mieux comprendre.

Au cours de ces heures nous n'avons, en tout cas, pas perdu notre temps, ni eux ni moi. Certes cette rencontre ne me permit pas de savoir qui était un « bon élève », qui était un « mauvais ». Je ne pus que donner la même note à tous.

Là était le scandale aux yeux de la plupart de mes collègues. Je ne « jouais pas le jeu ». Une bonne université est, paraît-il, celle qui a la réputation d'imposer une compétition sévère, des examens difficiles. Cette opinion n'est-elle pas une fausse évidence? Dans nombre d'universités américaines réputées, le taux de réussite à la sortie est proche de 100 %. Les promotions de l'École polytechnique les plus riches en personnalités ayant marqué leur époque sont celles pour lesquelles la sélection a été la moins rude, ainsi les promos 1919 et 1920 dont une bonne partie des candidats avaient été éliminés par les obus allemands. Ne peut-on soutenir que la sélection basée sur la capacité à se soumettre à une règle du jeu, même lorsqu'on la trouve absurde, ne donne guère leur chance aux caractères les plus solides. Dans une société stable, dont le seul objectif est de se maintenir, immuable, inchangée de génération en génération, il n'est sans doute pas aberrant de mettre aux postes de commande ceux qui ont fait preuve de leur conformisme. Dans un monde aussi changeant que le nôtre, cette stratégie ne peut être que suicidaire.

J'étais décidément un mauvais enseignant, un fauteur de troubles. Des difficultés réglementaires astucieusement utilisées par les services administratifs ont permis de mettre fin à ma collaboration avec Paris VI, sans que personne ne perde la face. J'en serais attristé si je n'étais chargé de multiples cours, à l'université de Genève, à Broussais-Hôtel-Dieu, à Montréal. Car s'exprimer devant un amphi est une drogue dont le besoin est lancinant lorsqu'elle se met à manquer.

Bien sûr, le plaisir de séduire entre pour une bonne part dans ce besoin. Être face à quelques centaines de regards est une épreuve qui porte en elle-même sa récompense. Il faut parvenir à maintenir l'attention sans une seconde de relâche, sans surtout qu'un groupe tout en haut de l'amphi ne s'occupe à autre chose. Même si seul le prof s'exprime, un cours est un échange. Faire face à un auditoire, c'est faire l'amour. Exaltant et épuisant.

Plus sérieusement, je crois ainsi faire mon métier d'homme. Tant d'idées essentielles sont à transmettre qui ne sont jamais évoquées. Je le constate à l'évidence avec les étudiants en médecine. Ils ont choisi cette voie non pour ses aspects financiers (les médecins tous millionnaires, c'est bien fini), mais pour le rôle humain qu'elle prépare. Ils ont l'âge de l'enthousiasme, de la générosité. Les études qui leur sont imposées les obligent à se battre les uns contre les autres, à être fermés, mesquins, égoïstes. La logique du numerus clausus est d'une brutalité qui les révolte; mais ils se croient incapables de lutter contre elle. Ils constatent, comme un paysan devant un nuage de grêle, que les choses vont mal, mais ils les supportent. Lorsque je leur propose telle ou telle lecture, ils répondent, désolés : « bien sûr, tout cela est passionnant, mais nous n'avons pas le temps d'être intelligents, il nous faut réussir l'examen ».

Formalité

Le processus d'accroissement de la consanguinité est d'autant plus rapide que la population est plus limitée. Dans un groupe refermé sur lui-même les deux membres d'un couple ont une probabilité élevée d'avoir des ancêtres communs. Les générations se succèdent, l'enchevêtrement des liens de parenté devient inextricable. Il suffit de remonter quelques siècles pour constater que chacun est apparenté à tous. Ce processus est poussé à l'extrême dans certaines îles génétiques, les « isolats », véritables laboratoires naturels où des populations ont réalisé des expériences inconscientes, dont il est passionnant de décrire le résultat.

Jean Sutter s'y était intéressé de longue date. Il avait compris l'intérêt d'une étude rigoureuse. Ayant participé à une recherche collective menée par le CNRS dans le pays bigouden, en Bretagne, il avait été un des initiateurs d'une étude semblable dans le cap Sizun à l'extrême pointe du Finistère. Lié par une vieille amitié à Robert Gessain, directeur du musée de l'Homme, l'un des premiers explorateurs du Groenland, il voyait tout l'intérêt d'une étude génétique des villages entourant Angmmassalik, seule zone peuplée de la côte est de ce continent. De son côté, Mme Gessain étudiait depuis 1950 en ethnologue les villages Bassari du Sénégal oriental. Elle les évoquait avec passion. Sutter vit là l'occasion de jeter un pont entre les équations des généticiens-mathématiciens et les observations des anthropologues-hématologues. Des équipes mêlant les uns et les autres dans une problématique commune devaient être constituées. Il lui fut facile de me persuader d'entrer dans cette voie.

Il me fallait, tout d'abord, satisfaire à une formalité, soutenir une thèse de doctorat sans laquelle je n'avais, aux yeux de l'université française, aucune existence. Poussé par mon « deus ex machina », je la consacrais aux méthodes d'analyse des isolats humains. Je profitais de l'occasion pour introduire quelques instruments d'observation adaptés à ce problème, ainsi la « probabilité d'origine des gènes » qui permet de décrire l'évolution génétique d'une population en fonction des parts des divers fondateurs dans le patrimoine collectif; plus abstraite mais plus efficace est la « distance de la différence symétrique » qui permet une utilisation optimale des données.

Pour l'essentiel il s'agit d'un travail tout théorique où les équations tiennent plus de place que les exemples concrets dont je n'avais qu'une connaissance livresque.

Jean Sutter, attentif, s'efforçait de m'éviter le dérapage définitif vers des analyses purement algébriques. Les passages les plus constructifs de cette thèse lui doivent beaucoup. Mais, lors de la soutenance en 1972 à l'université de Toulouse, la mort avait frappé. Lui qui avait joué pour moi, à l'âge où l'on n'est plus un enfant, le rôle d'un père, fut foudroyé par le décès accidentel d'un de ses fils; de même mon propre père, vingt ans auparavant, avait été incapable de supporter la disparition de sa fille.

Sa personnalité avait de multiples facettes que l'on découvrait lentement. Son trait dominant : une générosité sans limite à l'égard de tous. Débarquant à l'Ined désemparé, démuni, privé de tout ce qui m'avait servi de cuirasse jusque-là, il avait su m'orienter, m'insuffler son enthousiasme, m'aider à renaître. Il accepta, conscient qu'ainsi je me construisais, de me voir développer des théories opposées à celles qu'il attendait. Célèbre par ses colères, ses éclats de voix, il n'était jamais féroce. La leçon la plus décisive que je garde de lui est peut-être l'horreur du mépris.

Le parcours balisé se poursuivait. J'avais reçu tous les sacrements universitaires imposés. Je n'avais plus qu'à prendre peu à peu une place dans le petit groupe des spécialistes français de génétique des populations humaines, participer à des colloques internationaux, écrire des articles, lus par quelques rares collègues, dans les revues spécialisées, briguer les postes successifs offerts par l'université pour réaliser une carrière type. J'ai commencé par jouer uniquement ce jeu, d'autant plus acharné que mon départ dans cette nouvelle carrière avait été tardif.

M'en tenir là aurait été, je le sentais bien, accepter de m'engluer dans la résolution quotidienne de problèmes finalement dérisoires. Je me souvenais des années passées au Seita à faire jour après jour mon métier, à me satisfaire de le bien faire, conscient que cette activité n'était qu'agitation, séquence de réactions chimiques ne laissant aucun résidu. Il fallait éviter de me fourvoyer dans l'impasse confortable de la réussite d'une carrière.

L'objet même de mes recherches m'obligeait à d'autres réflexions. Il s'agit de l'homme. Même à travers la biologie, lunette au champ étroit, il rayonne suffisamment pour brûler le regard de qui l'observe. Cette brûlure me conduisit à de nouvelles bifurcations.

VI

BIFURCATION

Plus l'époque évoquée est proche, plus est difficile le respect de la vérité, et même l'exercice de la sincérité. Un lent travail de l'esprit a transformé la succession continue des jours d'autrefois en un enchaînement organisé d'événements. Le temps, certes, est linéaire ; le souvenir ne l'est pas ; il fait d'un fil un tissu, enchevêtrant la trame des faits réels et la chaîne de leurs évocations.

Volontairement, consciemment, ou non, j'ai puisé jusqu'ici dans mes souvenirs pour décrire le chemin suivi ; le recul était suffisant pour donner à une suite d'errances les allures d'un parcours. Me voici arrivé à une période trop proche ; ce qui l'a remplie est très lié à mes actes, à mes pensées d'aujourd'hui. Impossible de la raconter comme un spectateur ; l'acteur qui est intervenu est encore présent en moi.

J'ai été ce petit garçon insatisfait, cet adolescent tendu vers la construction de lui-même, cet ingénieur avide d'une belle carrière, cet éternel étudiant fasciné par le jeu intellectuel ; les voici devenus maintenant des personnages aussi distants de moi, aussi extérieurs à moi, que le Petit Chose, le prince Muichkine ou Eugène de Rastignac.

En revanche, je suis encore l'homme projeté hors de lui-même par le choc de l'Afrique, l'auteur obsédé par la transmission de son message, l'enseignant scandalisé par le gâchis scolaire et universitaire, le citoyen horrifié par l'état de sa société, le Terrien anxieux de l'avenir de la planète. Ils vivent en moi et poursuivent leur parcours. Prétendre mettre bout à bout leurs cheminements simultanés serait une tromperie.

Ce n'est plus maintenant une histoire que je peux raconter, avec ses avants et ses après, mais un ensemble de réactions, de réflexions, d'expériences, qui se télescopent et se développent chacune en fonction des autres.

Les Jicaques de la Montaña de la Flor

Une bifurcation n'est pas un caprice du hasard. Elle se produit lorsqu'un choc rend nécessaire une nouvelle réflexion ou une décision. Elle s'oriente en fonction d'événements antérieurs accumulés, apparemment insignifiants. Soudain ils se lient les uns aux autres, prennent sens, apparaissent cohérents, imposent une évidence.

Le plus souvent, ces chocs sont simplement la rencontre d'un autre, la fascination mystérieuse d'un regard, à la fois miroir qui s'offre à moi, et épée qui me transperce. Que dire du choc d'une culture, d'un continent!

J'ai évoqué les recherches théoriques des généticiens sur les isolats, ces populations définies par une frontière génétique plus ou moins étanche. Leur patrimoine génétique évolue selon des processus que de forts subtiles équations différentielles s'efforcent de décrire. Ces équations sont à ces groupes humains ce qu'est la formule de Newton aux galaxies, un jeu formel qui risque de camoufler la réalité.

Mon premier essai de confrontation entre les prévisions permises par les formules théoriques et la transformation du patrimoine génétique d'un groupe humain réel concerna les Indiens Jicaques de la Montaña de la Flor, vivant à cent cinquante kilomètres de la capitale du Honduras, Tegucigalpa. Il y a près de deux siècles, quelques Indiens de la plaine, las de leur servitude dans une société dominée par les Blancs et les métis, décidèrent de se réfugier dans cette montagne. Ils surent disparaître aux yeux de tous, échappant longtemps à tout contact humain. Une ethnologue, Anne Chapman, put gagner leur confiance. Elle parvint à effectuer plusieurs séjours dans leurs montagnes, à connaître leurs coutumes, à en apprendre la signification, et surtout à pénétrer l'étrange conception du monde de ces hommes qui se présentent eux-mêmes comme « les enfants de la mort ». En ethnologue professionnelle, elle avait reconstitué leurs généalogies, remontant jusqu'aux fondateurs. Que faire de cette masse d'informations indiquant, pour chacun, les noms de ses père et mère? Il fallait calculer des coefficients de consanguinité. D'où sa visite dans mon bureau. Les mariages internes au groupe étant la règle, il était tentant d'imputer à cette consanguinité la proportion élevée de sourds-muets constatée dans ce groupe. Quelques passages dans un ordinateur permirent de calculer ces coefficients. Leur valeur n'a cependant guère de sens; obtenir des décimales à la suite du calcul exact d'un paramètre à la définition douteuse, me semblait un objectif assez vain; c'était accepter le rôle du médecin de Molière expliquant pourquoi « votre fille est muette ».

J'ai proposé une utilisation plus complète des généalogie récoltées, en analysant le patrimoine génétique en fonction des apports des divers fondateurs grâce aux « probabilités d'origine des gènes » maintenant utilisées chaque fois que l'on dispose de généalogies complètes. L'exercice n'a donc pas été sans résultat.

Les Jicaques n'étaient, pour moi, que des numéros dans des liasses de documents; il n'était pas question que j'aille les voir de près. Anne Chapman ne l'aurait d'ailleurs pas souhaité, soucieuse de préserver son « terrain » d'ethnologue. L'objet même de la recherche m'échappait.

Je pouvais constater que beaucoup de choses jusque-là m'avaient échappé. Dans ma jeunesse, à Soissons, il m'était sans doute nécessaire d'assimiler le monde à une bibliothèque. Depuis, j'avais continué à mettre un rempart de papier entre la réalité et moi. Tout au long de mes études, j'étais face à des livres, tout au long de mon métier d'ingénieur ou d'administrateur, face à des dossiers. Mes interlocuteurs les plus fréquents, parfois les seuls, étaient des mots imprimés. Ils m'avaient, quand j'en avais eu besoin, protégé des choses dures et rugueuses du monde réel. Il était grand temps de les affronter en direct ces choses, et, parmi elles, ce qui est le plus dur et le plus rugueux, les hommes. Pour commencer, il était plus facile d'accepter le contact avec des inconnus aussi lointains que possible.

Rêves africains

Chez les Bassari

L'Afrique est plus accessible que le Honduras. J'avais rencontré à l'Ined André Langaney qui assurait la liaison entre les recherches anthropologiques menées au musée de l'Homme et les techniques démographiques mises au point par Jean Sutter. Participant aux enquêtes menées au Sénégal oriental chez les Bassari par Monique Gessain et chez les Bedik par Jacques Gomila, il en revint enthousiaste; un enthousiasme qu'il me fit partager. Encouragé par Jean Sutter, je saisis la première occasion d'aller sur place.

Dès le premier contact, je basculai loin des confortables habitudes de pensée, emporté par un typhon irréversible, submergé par des images, des sons, des émotions encore jamais ressenties.

Le souvenir de ma première journée sur le « terrain » avec Monique Gessain, que chacun appelle « Madame » chez les Bassari, reste bien vivace. Après une courte escale à Dakar, un vieux DC3 aux vibrations inquiétantes me porte en quelques bonds à Kédougou, vague agglomération élevée au rang de préfecture, proche de la frontière guinéenne. Sans attendre, « Madame » m'emmène en Jeep dans le pays Bassari ; pas de temps à perdre car des cérémonies importantes doivent avoir lieu dans la nuit.

Dès la sortie de Kédougou, la route traverse une brousse quasi désertique. Au loin, deux silhouettes noires, pataudes, avancent lentement, d'une démarche étrange : deux chimpanzés qui, à notre approche, s'enfoncent entre les arbres et disparaissent sans un regard pour nous. Ils sont nombreux, paraît-il, dans cette région.

A Etyolo les préparatifs de la fête sont achevés, nous allons de case en case : partout un événement semble se produire, mais je suis incapable de le discerner. Je suis en plein désarroi : un monde si nouveau, si inattendu. J'ouvre les yeux, les oreilles, mais mon cerveau se refuse à donner un sens à toutes ces impressions. Tard dans la nuit, nous nous approchons d'une case d'où sort une épaisse fumée ; de l'intérieur on entend des cris gutturaux, semblables à aucun son déjà entendu. J'interroge : « Qui pousse de tels cris ? » Monique Gessain me répond simplement « Dieu », et s'en va vers une placette où commencent des danses. Comment mettre en doute cette affirmation ? Je peux entrer dans la case et vérifier ; je n'en ai pas la curiosité. Je me laisse ballotter de chocs en émotions. Après une vague résistance pour préserver mes structures, je cède à un fleuve inconnu. Je suis envahi par des puissances soudain révélées. En ces quelques heures, je n'ai sans doute rien compris, rien appris, rien emmagasiné pour un article sérieux dans une revue scientifique. S'est dessinée en moi la toile de fond sans laquelle les raisonnements à propos de cet « isolat » n'auraient été qu'une activité sèche, désincarnée et, finalement, dérisoire.

L'étude des populations humaines est typique d'une démarche qui ne peut qu'être globale. Il faut mesurer, interroger, faire des examens médicaux et des prises de sang ; il faut mettre en route l'appareil statistique, calculer la moyenne et la variance de la taille ou du tour de tête, déterminer la fréquence de chaque gène des divers systèmes sanguins. Tous les nombres obtenus ne sont qu'un moyen pour mieux décrire un aspect partiel d'une réalité à multiples faces. L'esprit du temps donne malheureusement plus de valeur à la vitesse qu'à la direction : la pression exercée sur les chercheurs, si bien décrite par l'expression américaine « publish or perish », leur fait considérer comme objectif principal les résultats qu'ils pourront fournir dans leur prochain article. On laisse la parole aux spécialistes, à ceux qui pénètrent d'autant plus avant dans une discipline qu'ils ont focalisé leur domaine, rétréci leur champ de vision. Une recherche de compréhension globale amène au contraire à formuler des questions réorientant la recherche, sources d'un nouvel élan. Alexis Carrel, il y a un demi-siècle, évoquait la nécessité d'équipes présentées comme un « Aristote composite » Jean Giraudoux, lui, recherchait un « ensemblier ». Dès qu'un objet de recherche est riche, l'ensemblier est indispensable. De cette première nuit africaine, je conserve cet enseignement : la richesse de tout groupe humain est indescriptible. Dès que l'on accepte d'ouvrir les yeux, mille aspects se dévoilent, et tout regard étroit de spécialiste devient trahison de la réalité.

Chez les Bedik

Les six villages bedick ne sont éloignés que de quelques kilomètres des villages bassari. Pourtant tout les sépare, langues, coutumes, vision du monde. J'avais rencontré Jacques Gomila à plusieurs reprises. Il enseignait l'anthropologie à l'université de Montréal. Dans les villages bedik, nous avons pu avoir pour la première fois de réels échanges.

Ce Catalan brun, vif, passionné, séducteur, paraissait posséder tous les talents dont les autres rêvent. Personne ne lui résistait, sauf lui-même.

Comment oublier cet après-midi torride passé avec lui, quelques mois après mon passage chez les Bassari, à Iwol, le plus grand des six villages? Pendant que tous s'assoupissent pour la sieste de l'heure chaude, il m'emmène sous le soleil pour me décrire ce pays auquel il a consacré tant d'années. Chaque Bedik est une vieille connaissance avec laquelle il entame d'interminables conversations, où tous les membres de la famille sont évoqués, même les plus éloignés. Chaque case, chaque arbre, chaque pierre est pour lui source de souvenirs, de réflexions, un signe. Sa mémoire est prodigieuse, sa capacité d'évocation apparemment sans limite. Jacques me fait parcourir le territoire d'Iwol expliquant les rapports entre les choses et les hommes. J'apprends que tel branchage déposé sur le chemin doit empêcher la maladie d'entrer dans le village, le morceau de bois devient demeure d'un esprit; telle pierre, frappée de telle façon, donne un son transmettant au loin telle nouvelle; la pierre devient lithophone. Je suis plongé dans un univers où tout prend sens. Chemin faisant, il évoque la nécessité d'une « nouvelle anthropologie », d'un changement profond de la problématique héritée du XIXe siècle, restée intacte pour nombre de spécialistes français. Je retrouve chez lui les critiques si souvent exprimées par Jean Sutter contre ceux qui se contentent d'être fidèles à l'enseignement de leurs maîtres, aveugles à l'existence de nouvelles disciplines, notamment la génétique, à de nouveaux outils d'observation découvrant d'autres réalités. Je sens en lui une tension intérieure, inexprimable, mal camouflée par son enthousiasme apparent, son humour, ses sautes d'humeur. Son effort passionné pour comprendre la culture de ce groupe d'hommes africains correspond à une interrogation implacable sur lui-même.

Par la suite, à Paris ou à Montréal, je sentais à chaque rencontre la naissance d'une amitié plus vraie. Lorsque Jacques venait à la maison, la famille entière était comme envoûtée par ses récits, ses descriptions émerveillées du pays bedik, son ironie souvent cinglante à propos des mesquineries du monde universitaire. J'enviais sa capacité à pénétrer, comme sans effort, au cœur des choses, à établir un contact réel, d'un mot, d'un regard, avec chacun, moi qui ai tant de peine à éviter la médiation des mots et des concepts.

Peu d'années après notre parcours commun sur les collines d'Iwol, brutalement, pendant son sommeil, il est mort. Je suis passé à côté d'un échange plus authentique, qui aurait été très riche. Pudiques, nous remettions à plus tard l'évocation de sujets personnels. Il est trop tard...

Mes séjours dans les villages ont toujours été trop brefs. Ils m'ont permis tout au plus de ressentir des différences décisives entre la philosophie de ces hommes et la mienne, l'organisation sociale de leur groupe et celle du mien. J'étais frappé, entre autres, par le sort réservé aux « vieux ». Le mot a pour les Africains une connotation bien opposée à la nôtre. Je me souviens de ma réaction la première fois que l'on m'a dit là-bas : « toi qui es un vieux » ; j'avais à peine cinquante ans, j'espérais ne pas paraître plus. J'étais assez vexé. J'ai mis du temps à comprendre que c'était là un compliment : un vieux, un sage, un aimé des dieux, qui lui ont permis de surmonter les dangers, de survivre.

Chez les Bedik ou les Bassari, la vie de chacun s'écoule en passant de « classe d'âge » en « classe d'âge » ; le mot est d'ailleurs mal choisi. Le passage de l'une à l'autre peut avoir lieu à des âges fort variables. Chaque classe détermine les devoirs et les droits de ceux qui lui appartiennent. Les plus jeunes, les « culs blancs », qui se traînent dans la poussière, n'ont guère d'obligations, mais celles-ci s'accumulent pour les adolescents qui ne deviennent des hommes et des femmes qu'au prix de rites de passage parfois lourds à supporter et du respect de règles strictes définissant leurs devoirs. La classe privilégiée est celle des « vieux » ; ils jouissent de tous les droits et n'ont pratiquement aucun devoir : une solution au problème de la vieillesse autrement plus satisfaisante que nos maisons pour vieillards et nos mouroirs.

Chez les Touaregs, les séjours ont été un peu
longs. Là, j'ai pu m'imprégner de la vie sous la te[nte]
« Touareg », un mot qui fascine nos esprit de citad[ins]
européens. Nos imaginations s'enflamment en év[o]-
quant la solitude des grands espaces écrasés de solei[l],
le mystère des regards sombres filtrés par l'étroit[e]
fente des tagelmust bleues, la liberté des méharées de
dunes en dunes. Cette poésie n'est pas mensongère. Il
nous fallait, sur place, l'oublier pour poser sur ces
hommes un regard volontairement froid, filtré par
l'appareillage technique de l'hématologiste, de l'immu-
nologiste, de l'ophtalmologiste. Nous devions recueillir
des données prêtes à être analysées par l'arsenal
conceptuel du démographe, du mathématicien, du
généticien. Notre objectif n'était pas seulement de
décrire mais de comprendre les transformations biologiques d'une tribu, les Kel Kummer, nomadisant
depuis trois siècles entre le plateau désertique du
Tanezrouft, les noirs escarpements de l'Adagh des Ifog-
has et les pâturages du Niger.

A l'époque des colonies, un jeune officier, André
Chaventré, avait eu en charge ce territoire désertique
aux confins du Soudan et du Niger. Il se passionna
pour les tribus touaregs, notamment pour celle qui
avait imposé sa toute-puissance sur la région depuis le
XVIIᵉ siècle jusqu'à la conquête française, les Kel Kummer. Poursuivant des études de géographie et d'eth-
nologie, il avait senti le besoin, pour mieux définir
l'objet de sa recherche, de reconstituer les généalogies
de ce groupe. Au prix d'un travail de quinze années, il
y est parvenu. Lisant par hasard un de mes articles, il
constate que pour un généticien une telle documentation vaut de l'or. Il vient me voir à l'Ined ; une
collaboration commence. Elle dure encore.

Grâce aux crédits de recherche de l'Ined, grâce aussi
aux bonnes relations d'André avec les autorités locales,
nous avons pu envoyer en mission chez les Kel Kummer des spécialistes de multiples disciplines, hématolo-

gistes, bien sûr, mais aussi ophtalmologistes. En effet, nous nous sommes aperçus, un peu par hasard, qu'une anomalie de la vision des couleurs très rare en Europe touche une forte proportion de la tribu.

Dès que ce fut possible, je participai aux travaux. Ma discipline, la génétique mathématique, faisait pourtant de moi le personnage sans doute le moins utile sur le terrain. J'aidais comme je pouvais les camarades, transportais du matériel ou du ravitaillement, emportais jusqu'à l'aérodrome les caisses emplies d'échantillons de sang; je m'imprégnais surtout d'une réalité inexprimable, celle du désert et des hommes qui y vivent.

Dans le lent déroulement des journées des événements insignifiants deviennent des repères qui serviront de référence. Quelques mots échangés sous la tente écrasée de soleil, l'angoisse animale provoquée par le vent de sable, deviennent des souvenirs indélébiles toujours prêts à resurgir. Comment oublier cette nuit au cœur du Tanezrouft, ce « true desert » disent les atlas anglais, ce « vrai désert » où il ne pleut jamais. Pas de dunes, pas de sable, un plateau de cailloux, plat à n'en plus finir; et les étoiles proches, scintillantes, plus vivantes que la planète Terre endormie. Je m'éloigne du groupe assoupi. Rien ne bouge; moi, je bouge, quelle imprudence! Tout est plat, allongé; moi je suis debout, insolite, intrus, élément de désordre. Dérisoire est la force qui me colle à ma planète : les étoiles m'attirent, il s'en faut de bien peu qu'elles soient les plus puissantes. Comme le Petit Prince mordu par le serpent, je vais rejoindre l'espace. Angoisse et bonheur à la fois, de me dissoudre, de fusionner avec l'univers, et d'exister face à lui, hors de lui. Je reviens au campement. Un mouvement dans les cailloux; une gerbille blanche, minuscule souris restée le jour dans son terrier et venue la nuit se nourrir de débris apportés par le vent, attendant de se désaltérer à la rosée du matin. Dans ce désert absolu, la vie.

Le soir devant la tente, profitant de la fraîcheur enfin venue, j'apprends au Sahara la valeur de la lenteur, le danger de la vitesse recherchée pour elle-même. Les verres de thé se succèdent, au parfum plus puissant d'heure en heure. Chacun s'exprime au rythme de sa réflexion. Des plaisanteries, puis soudain une question sérieuse : « Vous, les Français, êtes-vous allés sur la Lune ? – Non. – Eh bien cela prouve que vous êtes moins menteurs que les Américains. Bien sûr ils sont souvent menteurs, mais sur la Lune ils sont vraiment allés. » Les sourires sont sceptiques ; comment un « professeur » peut-il croire de telles sornettes. « Voyons, réfléchis ; si tu arrives sur la Lune, tu ne peux que retomber ; comment y rester ? » Et en effet, au-dessus de nous, la Lune montre sa face bien plate où l'on n'imagine guère comment s'incruster. Pour ne pas abandonner la partie je me lance dans un cours d'astronomie élémentaire, comme j'en faisais autrefois à mes enfants ; le Soleil est comme une pomme, autour de laquelle la Terre tourne comme une cerise, la Lune... Je me souviens des regards amusés ; j'étais décidément bien crédule de croire à de telles histoires. Pourquoi insister ? Leur explication du monde n'est pas cohérente avec la mienne, qu'ont-ils à gagner au change ?

Diurin

Cette interrogation sur les croyances, sur la « foi » en une réalité inaccessible, je la ressentis quelques années plus tard lors d'un nouveau séjour en pays bassari. J'étais là le lundi matin, jour où Diurin, le grand prêtre, le pape, s'en va officier en haut de la montagne sacrée. Ces termes ne conviennent guère pour désigner ce membre ordinaire de la communauté, paysan cultivant ses champs comme les autres, et doté de surcroît d'un certain savoir, d'une certaine sagesse, peut-être d'un pouvoir. Ce matin-là, les quelques Européens présents se joignent aux Bassari, venus pour certains de très loin, grimpant jusqu'à l'emplacement où Diurin officie. Il est à la disposition de ceux qui ont besoin de lui, ceux qui sont face à une décision importante : se marier, accomplir un voyage, ou dont un des proches est malade. Diurin consulte les Esprits et répond. Pour interroger les puissances cachées il ne se pare pas d'habits chamarrés et dorés, il est nu, vêtu seulement d'un étui pénien.

Chacun lui expose son problème; Diurin sacrifie un poulet, observe les entrailles, récite certaines formules, et annonce le verdict. L'assistance est fervente, tendue. A côté de moi un ethnologue américain, oppressé, me chuchote : « il me faut partir; nous ne devrions pas être là »; il se sent de trop, comme un chrétien au cœur de La Mecque ou un musulman à Saint-Pierre-de-Rome. En face de moi, une Française. Elle est inquiète. Elle a laissé un de ses enfants malade; depuis, aucune nouvelle de lui. « Diurin, peux-tu me dire comment va mon fils? » Diurin fait le nécessaire, égorge un poulet, exécute les gestes voulus et conclut : « Sois rassurée, ton fils est guéri. » Le visage de la mère rayonne, son angoisse a disparu.

Quelques semaines plus tard, je la rencontre à Paris. « Votre fils, comment va-t-il? – Tout va bien; d'ailleurs Diurin l'avait bien dit. » La phrase est ponctuée d'un sourire, le ton est ironique, jusqu'à quel point?

Pour un Bassari, Diurin est capable de voir à distance et même de guérir à distance. Je ne crois pas à ce pouvoir. Mais je constate qu'il sut guérir une mère de son angoisse.

En haut de cette montagne où le vent faisait chanter les arbres, je n'aurais guère su dire à quoi, finalement, je croyais.

Bilan

Qu'ai-je fait en Afrique? Les équipes auxquelles je participais n'avaient guère besoin de moi, du moins sur le moment. Coller des étiquettes sur des tubes de sang, conduire la Land Rover, courir à l'aéroport. Au retour j'allais intervenir dans l'analyse des données recueillies, réfléchir à leur signification, écrire des articles.

Mon apport se trouvait alors transformé par les images vivant en moi, par le souvenir d'une réalité humaine tellement plus riche, plus subtile, plus complexe, que celle révélée par les réactifs des hématologistes et les tests des statisticiens.

Je commençais à regarder avec un certain recul, une certaine indifférence, mes premiers travaux en génétique. Livres et articles avaient représenté le prix à payer pour être considéré comme un spécialiste, un « professeur ».

Le ressort profond du travail effectué ne se résumerait-il pas au simple désir de prouver à mes collègues que j'étais aussi intelligent qu'eux? On entre dans un groupe de chercheurs; il faut laisser sa trace, être reconnu. On se satisfait rapidement d'être cité en référence dans les bibliographies. Se mettent en place spontanément de petits cercles d'admiration mutuelle. Réelle ou feinte, la louange est agréable, même si les intéressés savent fort bien que les félicitations qu'ils adressent aux autres sont le prix à payer pour celles qu'ils reçoivent. Le risque est grand de s'y complaire.

Il est à peine excessif d'évoquer la tirade de Cyrano sur le plaisir d'être « couronné pape par les conciles, que dans les cabarets tiennent des imbéciles. Non, merci! ». Remplacez « cabarets » par colloques ou séminaires, « imbéciles » par « chercheurs compétents » et vous avez la description d'un mécanisme fort actuel dans la tribu des scientifiques.

Le jeu des équations s'enchaînant l'une l'autre, des raisonnements aux résultats parfois inattendus, est si fascinant! A un flou conceptuel succède une vision claire de tel problème; de sa formulation, sinon de sa solution. L'esprit obsédé par telle difficulté non encore résolue éprouve une grande satisfaction à tracer un chemin plus droit, à trouver l'issue du labyrinthe. Je ne renie pas le plaisir éprouvé en rédigeant mon dernier livre technique, *Concepts en génétique des populations*, paru en 1977 chez Masson. J'y fais la synthèse de plusieurs de mes articles parus dans des revues américaines spécialisées en biologie mathématique (*Biome-*

trics, Theoretical Population Biology ...). Aujourd'hui encore je ne trouve pas inutile la subtile distinction entre « la moyenne des valeurs sélectives des individus composant une population » et « la valeur sélective moyenne de la population » développée dans cet ouvrage. Une erreur logique commise par l'auteur du célèbre *Théorème fondamental de la sélection naturelle*, Ronald Fisher, est ainsi mise en évidence. Je ne trouve pas sans intérêt les longues équations dont s'orne le dernier chapitre ; elles expriment l'évolution de cette « valeur moyenne » sous l'effet de la pression sélective exercée par le milieu simultanément sur deux locus.

Ma satisfaction personnelle à la lecture de ces pages n'a pourtant guère été partagée. Les ventes de l'ouvrage n'ont pas dépassé sept cents exemplaires, le nombre des lecteurs a sans doute été très inférieur. Je me console facilement. Ce livre a subi le sort de la plus grande part de la production imprimée des chercheurs scientifiques. L'analyse des bibliographies accompagnant rituellement ces publications montre que plus de 80 % des articles publiés de par le monde ne sont jamais cités. La probabilité qu'ils n'aient été lus par personne paraît fort élevée. Est-ce décourageant ? Bien sûr si l'on regarde l'activité des chercheurs comme un vaste effort collectif d'accroissement de notre compréhension du monde. Mais il faut bien admettre que souvent l'objectif de l'auteur est moins d'annoncer une découverte, de faire progresser la connaissance dans son domaine, que de justifier les crédits accordés à son poste en exhibant un nombre honorable de publications. Le fait de n'avoir jamais été cité par la suite ne le touche guère. La finalité de la publication se trouve ainsi pervertie. Il est normal, pour les autorités chargées de surveiller la gestion des organismes de recherche, de prendre le volume des articles publiés comme critère d'intensité de l'activité d'un chercheur. Mais celui-ci est alors incité à consacrer un acharnement plus grand à faire accepter un texte par une revue après de multiples refus, qu'à obtenir un résultat expérimental significatif après de multiples échecs. Ce retournement, souvent occulté, transforme en objectif ce qui n'était qu'un critère d'évaluation. Une perversion lourde de conséquences : une bonne température est un critère de santé ; le médecin dont le seul objectif serait de ramener la température à sa valeur normale risquerait de fort mal soigner ses malades.

Une raison plus profonde m'amène à ne pas me désoler du peu de succès de *Concepts en génétique des populations*. Au-delà des équations et des notations ésotériques, les raisonnements développés concernent des problèmes bien réels pour les hommes d'aujourd'hui. Bernard Pivot m'en fit la remarque et conclut par un reproche : « Ou bien tout ceci n'est qu'un jeu vous permettant de briller aux yeux de vos collègues, et vous vous fatiguez pour un piètre profit ; ou bien il s'agit d'interrogations sur des sujets importants, et vous êtes coupable de vous exprimer de telle façon qu'un honnête homme ne peut vous comprendre. »

Je découvrais lentement que les quelques apports solides du raisonnement rigoureux permis par l'outil mathématique modifiaient bien des idées reçues à propos du seul objet de réflexion vraiment passionnant : l'Homme. L'important est d'en tirer les conséquences, pas seulement intellectuelles ; certaines impliquent aussi des engagements.

Le goût de la viande

J'évoque souvent intérieurement un roman peu connu de Jack London, *Belliou la Fumée*. Que de fois j'ai relu ce vieux livre, maintenant privé de sa couverture, cadeau de ma mère pour un lointain anniversaire ! Belliou, intellectuel desséché, est projeté dans une ruée vers l'or en Alaska ; il découvre le bonheur de vivre lorsque la vie a « le goût de la viande ». Comment connaître ce goût enivrant si l'on reste bardé de confort et de certitudes ?

Au Seita j'avais fait mon métier d'ingénieur, conformément aux normes; au ministère de la Santé j'avais lancé des études économiques bien structurées de multiples équations; à Stanford j'avais participé à des séminaires où des ténors des mathématiques voyaient dans les problèmes posés par les biologistes une occasion de développer de nouveaux outils probabilistes; à l'Ined je m'étais précipité sur les aspects les plus mathématiques de la génétique des populations.

L'Afrique m'a aidé à comprendre la nécessité d'accepter les rencontres désarçonnantes. Le pré carré devient peau de chagrin si l'on ne sait en sortir, si l'on n'est pas prêt à accueillir les chocs inattendus comme des occasions d'élans nouveaux. Un peu par hasard, j'avais mordu à une autre viande, j'en aimai le goût.

POLÉMIQUER

La Nouvelle Droite et les « dons »

Créateur de l'Ined, Alfred Sauvy, est un des pères fondateurs de la démographie; il a beaucoup contribué à en faire une science, en l'élargissant à des domaines autres que la seule mesure des caractéristiques quantitatives des populations. Passionné par tous les problèmes posés par l'évolution accélérée de notre société, il avait accepté, au début des années soixante-dix, la responsabilité d'un ouvrage collectif consacré à *L'Enseignement pour tous*.

Il me demanda d'y contribuer en répondant à la question suivante: « Supposons résolu le problème de l'accès égal de tous les enfants à l'enseignement; les écarts qui apparaîtraient dans leurs développements intellectuels seraient alors dus pour l'essentiel aux différences héréditaires. Que peut-on dire de ces différences? »

Le problème me sembla au centre des controverses les plus décisives. Je me mis au travail avec passion, avec aussi une méfiance insuffisante. Dans le mot « intelligence » je vis un terrible piège, sans en mesurer au départ toute la traîtrise. Par précaution, j'ai distingué différents concepts : le niveau intellectuel mesuré par les tests, le comportement intellectuel développé par l'adulte, et le « potentiel intellectuel » correspondant à la dotation génétique. Sans soumettre cette idée à discussion, j'admettais que ce dernier concept avait un sens, ce qui est admis comme une évidence par tous les ouvrages de psychologie.

Pour avancer, j'ai utilisé les résultats publiés par le trop célèbre Cyril Burt, champion anglais de l'étude de l'héritabilité de l'intelligence. J'ignorais alors, comme tout le monde, que son œuvre n'est qu'une vaste escroquerie. J'ai tiré les conséquences des corrélations qu'il prétendait avoir observées. Au passage, j'eus l'occasion de constater à quel point les paramètres définis par les généticiens sont utilisés sans précaution par les psychologues, souvent même hors de leur domaine de validité.

Ce n'était pas une simple querelle de frontières entre disciplines scientifiques ; il fallait revoir l'ensemble de la structure logique des raisonnements tenus à propos de l'éducation et dans le même temps remettre en cause – ce n'est pas une mince affaire – l'ensemble de la politique de l'enseignement.

Je devais fournir mon article dans les délais imposés ; je l'écrivis avec de multiples précautions de langage, conscient de marcher sur des œufs, bien décidé à approfondir par la suite les difficultés entr'aperçues. J'ignorais que j'allais me lancer ainsi dans une bataille violente. La malhonnêteté des procédés utilisés au cours de cette bataille par certains de mes contradicteurs me stupéfia tout d'abord. Je m'y attendais si peu. Je compris par la suite que ces procédés témoignaient de l'importance de l'enjeu.

Quelques années plus tôt, le psychologue américain Jensen avait publié un article dont je n'avais pas alors connaissance, sur la réussite comparée des Noirs et des Blancs dans le système scolaire. Il constatait que les premiers ont en moyenne un Q.I. inférieur de quinze points à celui des seconds ; il admettait, dans la droite ligne des théories de Burt, que l'héritabilité de ce Q.I. est de 80 %; il en concluait que l'éducation ne pouvait prétendre effacer cet écart. En France, Rémy Chauvin publiait en 1975 son livre à succès sur *Les Surdoués*. Ce professeur n'avait jusqu'alors étudié que les fourmis et autres petites bêtes, il se rendait désormais célèbre en s'intéressant aux enfants dont le Q.I. est élevé. D'emblée, il admettait le caractère génétique de ce « sur-don ». A la même époque, le supplément hebdomadaire du *Figaro* consacrait régulièrement des articles à l'héritabilité de l'intelligence.

De toute évidence ces professeurs aventurés loin de leurs domaines de compétence, relayés par des journalistes soucieux de défendre une thèse idéologique admise comme postulat, n'avaient rien compris aux concepts manipulés par les généticiens. Pour vendre du papier, ils falsifiaient totalement le sens de ces concepts.

Aux États-Unis les propos de Jensen provoquèrent de multiples réactions de la part des spécialistes en génétique des populations. Leurs critiques sont si fondamentales que la *Harvard Educational Review*, support de l'article initial, n'en diffuse les tirés-à-part qu'accompagnés de plusieurs mises au point.

En France les spécialistes en ce domaine, peu nombreux, s'intéressent plus aux plantes ou aux drosophiles qu'à l'homme. Le champ était à peu près libre devant ceux qui se réfèrent à la génétique sans rien en connaître. Ce débat est pourtant essentiel : peut-on fonder sur leur nature une hiérarchie en valeur entre les hommes? Pour Jensen comme pour les divers auteurs français rassemblés dans la « Nouvelle Droite » la réponse est : oui. Ils en tirent les conséquences que l'on imagine pour organiser au mieux la société.

Certains auteurs de ce clan formulent leur point de vue crûment : il y a dans l'humanité des individus qui par nature en constituent la lie, d'autres la crème. L'intérêt de tous exige d'accorder éducation, carrière, richesse et pouvoir à ceux-ci, et de limiter autant que possible le domaine d'action de ceux-là (à défaut de la solution parfaite : les éliminer).

De telles théories évoquent un passé qui n'est pas si lointain. Il est nécessaire de leur donner une présentation renouvelée. Faire appel à la science, et plus spécialement à la génétique, permet d'utiliser un langage nouveau. Évoquant des concepts techniques désignés par des termes ésotériques à l'allure savante, ces argumentations fournissent une façade de scientificité plaquée sur une opinion admise comme une évidence.

Cette attitude est poussée jusqu'à la caricature par un ouvrage paru en 1977 : *Race et intelligence*, signé J.-P. Hébert, pseudonyme camouflant, selon l'éditeur, quatre « chercheurs connus ». Compilation fort indigeste, accumulant, à partir de mille cinquante et une références, les preuves de l'inégalité intellectuelle des diverses races, ce livre nous apprend, entre autres affirmations remarquables, que « les Noirs correspondent à des Blancs leucotomisés (dont une partie du cerveau a été enlevée) »!

Chargé par la revue *La Recherche* de présenter ce livre, je ne pus qu'insister sur son caractère non scientifique : un fatras de citations mises en faisceau pour démontrer la fatalité de la domination de certaines « races » sur d'autres, le tout avec une débauche de graphiques, de tableaux, et de formules mathématiques sans liens entre elles. L'accumulation tient lieu de raisonnement. Les auteurs cachent leur identité; voilà qui plaide sinon pour leur courage, du moins pour leur réalisme : ils ont eux-mêmes bien piètre opinion de leur œuvre.

En réagissant ainsi au nom de la discipline scientifique que je pratique, je n'imaginais pas déclencher une querelle violente et durable.

Sans m'en rendre compte, j'avais porté mes coups sur un des maillons décisifs de l'argumentation de la Nouvelle Droite. Plusieurs revues dévouées à ce courant comme *Valeurs actuelles* ou *Éléments* se mirent de la partie. J'y apprenais que je n'étais pas un « vrai » généticien, que mon idéologie égalitariste m'aveuglait, et même, selon *Le Figaro*, que certains de mes amis étaient communistes! Le plus virulent, de loin, était un certain Yves Christen sévissant dans les pages dites scientifiques du *Figaro Magazine*. Il me présentait comme un « commentateur » ignorant selon qui « les gènes des parents se perdent dans la nature, on n'en retrouve nulle trace chez les enfants ». Il n'avait apparemment aucune compétence en génétique.

Son nom me rappelait un incident ancien ; en recherchant dans mes archives je reconstituai l'affaire. En 1972, l'éditeur de *Structures génétiques des populations* m'avait alerté ; la revue *Nouvelle École*, dont je n'avais jamais entendu parler, venait de publier, sous la signature d'Yves Christen, un article dont plus des trois quarts étaient la reproduction exacte de phrases, de formules mathématiques et de figures extraites de mon livre. L'auteur terminait astucieusement par une citation d'Albert Jacquard ; il aurait dû mettre entre guillemets la quasi-totalité de son texte.

J'avais alors pensé que *Nouvelle École* était la revue d'une association d'instituteurs, que l'auteur de l'article était un étudiant en mal de piges ayant trouvé là un moyen de gagner de l'argent sans effort ; j'avais préféré en sourire et conseillé à mon éditeur de ne pas réagir.

Huit années plus tard, j'apprenais que *Nouvelle École* est en fait la revue du Grece, un des clubs les plus actifs de la « Nouvelle Droite ». Le même personnage qui m'avait plagié sans vergogne me désignait maintenant, dans les colonnes du *Fig Mag*, comme un ignorant... La polémique prit une telle tournure que Louis Pauwels lui consacra un éditorial. Il m'accusait d'être un « enragé » incapable de distinguer « la m... du diamant ». Argument décisif contre moi, Y. Christen illustrait un de ses articles de *Nouvelle École* de photographies permettant de comparer mon visage à celui de deux chimpanzés grimaçant. Mensonges, sarcasme et ignominies n'ont jamais été sources d'avancées dans une discussion. L'attitude de ces journalistes dépassait les bornes admissibles. Il était devenu nécessaire que des hommes de loi interviennent. Ils obtinrent facilement le silence du *Fig Mag*.

Fort heureusement les discussions provoquées par la remise en cause du concept de « dons » intellectuels se sont souvent déroulées dans un climat plus serein.

Cette remise en cause est inévitable si l'on analyse l'apport du patrimoine génétique dans la réalisation du support de notre activité intellectuelle, le système nerveux central. Les recettes de fabrication des éléments innombrables dont il est fait, neurones, synapses, neurotransmetteurs, sont apportées par ce patrimoine initial ; tout dépend de lui. Quelques mutations affectant telle ou telle caractéristique biochimique peuvent perturber cette réalisation au point de rendre l'ensemble non fonctionnel. Des maladies bien définies, comme la maladie de Tay-Sachs entraînant chez l'enfant une idiotie totale puis la mort, sont dues à la présence en double dose d'une courte séquence d'ADN. Les « dons intellectuels négatifs » du patrimoine génétique existent bel et bien.

Imaginer, par pure symétrie, des dons positifs constitue une erreur logique. Il n'y a aucune symétrie entre les moyens de construire un palais et les moyens de le détruire. L'activité intellectuelle de certains est plus vive, plus riche, certes. Dans le domaine scolaire, certains élèves ont une facilité apparente plus grande à suivre le programme proposé. Il s'agit là des performances accomplies, non du potentiel initial. Passer de l'un à l'autre sans précaution fait passer du domaine de la science à la querelle de cabaret.

Le sujet passionne le public ; les radios, les chaînes de télévision ont organisé de multiples débats à ce propos. Certains furent particulièrement animés. Ainsi ceux qui m'opposèrent à Rémy Chauvin. Sa crinière blanche lui donne l'allure sympathique d'un vieux lion devenu débonnaire sans l'avoir cherché en popularisant le mot « surdoué », il a accrédité l'idée que les performances, parfois fabuleuses, de certains enfants proviennent d'un don de la loterie génétique. Une telle conclusion ne pourrait être fondée que sur de multiples observations comparatives réalisées avec la plus grande rigueur. Encore faudrait-il analyser les résultats avec des techniques mathématiques très éloignées de celles manipulées dans ses recherches par Rémy Chauvin. Par-dessus tout, je lui reproche d'utiliser sa position de scientifique reconnu, pour faire passer des thèses douteuses dans un domaine hors de sa compétence. Nous avons souvent été mis face à face. Au cours d'une émission de télévision je lui dis, un jour, en direct : « Il y a deux Rémy Chauvin. L'un est spécialiste du comportement des petits animaux ; l'autre parle des surdoués. Si j'étais le premier, je traînerais le second devant les tribunaux pour usurpation de titre. » Je tirai de cette joute une jouissance personnelle. Le téléspectateur ne comprit peut-être pas pourquoi.

L'interrogation sur le bien-fondé du concept de « don » est partagée par les dirigeants eux-mêmes de l'association américaine des « Gifted Children ». Ces pédagogues, spécialistes de l'éducation des enfants « surdoués », m'invitèrent à prononcer l'une des conférences pleinières de leur congrès mondial en 1981. Persuadé qu'il s'agissait d'une erreur, je leur fis remarquer : « vous introduisez le loup dans la bergerie ». C'était bien mes objections qu'ils voulaient entendre. Devant près de deux mille enseignants de surdoués et parents de surdoués, je défendis ma cause. Ne suis-je pas le porte-parole des sous-doués ?

Moi, le sous-doué

J'ai pris goût à ces confrontations. Je peux, à mon tour, tomber dans l'attitude consistant à utiliser l'argument d'autorité. Risque d'autant plus grand que ma motivation s'est transformée. Au départ, je réagissais en scientifique face à des affirmations erronées concernant ma discipline ; j'ai peu à peu réagi en homme scandalisé par le sort fait à d'autres hommes.

Cherchant à déjouer les pièges posés par l'ambiguïté des mots, à signaler les manques de rigueur ou les erreurs de raisonnement, je le faisais initialement dans le même esprit qu'au cours de discussions dans les séminaires universitaires. Je n'ai découvert que lentement les véritables enjeux de la querelle. La violence des attaques du *Figaro Magazine* m'avait montré que, sans l'avoir cherché, je réagissais à propos du point faible de l'idéologie de la « Nouvelle Droite » et de ses épigones. Par la suite j'aurai des contacts directs avec les victimes de l'idéologie des dons ; je ne serai plus aux prises avec des théoriciens, mais face à une injustice humaine inacceptable. Mon engagement prendra une tout autre tonalité.

J'ai découvert que de nombreux instituteurs ou professeurs du secondaire, scandalisés par ce gâchis, s'efforcent de lutter contre les fatalités d'un système qui broie les jeunes au lieu de les épanouir. Ainsi les militants du Groupe français d'éducation nouvelle, dont le mot d'ordre est d'admettre que les enfants sont « tous capables », m'ont invité, à plusieurs reprises, à passer quelques heures avec des élèves de classes de SES. Dans ces classes « spéciales » on affecte les enfants supposés être tout le contraire de « surdoués ». Là j'ai rencontré des garçons et des filles certes peu passionnés par les programmes scolaires, mais capables de formuler à leur manière, les questions essentielles. Comment oublier cette petite fille aux yeux noirs demandant : « Comment est-ce que je dois faire pour devenir intelligente comme vous ? » Comment oublier la réaction violente de ses camarades : « Tu es folle ! Jamais tu ne pourras devenir intelligente comme un professeur de Paris, puisque tu es une conne. Tu sais bien qu'ici, dans la SES, on est tous des cons. »

Ils savaient fort bien qu'ils étaient considérés comme des sous-doués. Eux traduisent « des cons ». Ils me racontèrent que, quelques jours plus tôt, ils avaient voulu se mêler à une partie de foot organisée par des élèves de classes « normales ». La réaction avait été rude : « La seule chose que tu pourrais faire serait d'être mon goal, espèce de mongolien ! » L'auteur de la plaisanterie ignorait, j'espère, le crime qu'il commettait.

Le regard méprisant que le système scolaire porte sur ces enfants est motivé par leur retard. A douze ans, ils comprennent ce que la majorité des autres a compris à dix ; leur Q.I. est donc faible ; on croit justifié de les orienter vers des voies de garage où ils coûteront moins cher à la société. Il suffit pourtant d'avoir lu La Fontaine pour savoir que la vitesse au début de la course ne permet pas de présager son aboutissement. Ces enfants réputés lents sont surtout des enfants qui affrontent dans leur vie personnelle des problèmes autrement plus importants que les problèmes de robinets. Jamais ils n'auront dans leur jardin une piscine qui se remplit d'un côté au rythme de trois litres à la seconde et se vide de l'autre au rythme de deux mètres cubes à l'heure.

La valeur attribuée par l'École à la vitesse me semble être dans la plupart des cas un signe de dévoiement. Mon expérience personnelle comme mon expérience de professeur me font mettre en doute l'intérêt de comprendre rapidement. Comprendre, c'est créer en soi une structure mentale ; ce ne peut être qu'une longue construction. L'élève qui déclare « je n'ai pas compris » fait preuve d'une vive intelligence. Il comprend qu'il n'a pas compris ; et c'est ce qu'il y a de plus difficile à admettre.

Mon combat contre les erreurs logiques de ceux qui évoquent les « surdoués », allant, comme au Québec, jusqu'à inventer le beau mot de « douance », est devenu un combat pour défendre les exclus de l'éducation. Le fameux échec scolaire dont on parle tant n'est pas l'échec des élèves, mais celui du système scolaire ; un système qui persiste à ignorer ceux dont le profil est éloigné de la « norme ».

Dans cette voie, la réflexion ne peut qu'aboutir à une remise en cause de la finalité même de ce système : a-t-il pour but de fournir à la société les individus dont elle a besoin, produits finis prêts à l'emploi, ou de permettre à chacun de se construire, de se choisir un destin, de commencer à le réaliser ? J'aimerais que sur tous les papiers à en-tête du ministère de l'Éducation nationale, on inscrive en exergue cette phrase de Gaston Bachelard : « Mettre enfin la Société au service de l'École, et non plus l'École au service de la Société. »

Ces évidences, peu à peu comprises, m'ont valu de multiples contacts avec ceux qui restent horrifiés par le gaspillage de talents humains entraîné par notre système de sélection.

Mon audience s'élargissant, mon rôle, purement scientifique au départ, s'est transformé insensiblement par étapes insignifiantes, en un rôle politique. J'ai laissé se créer une certaine image de moi. Elle m'échappe. Aujourd'hui, je suis devenu un « homme public », avec le danger de devenir un professionnel de certaines luttes, un objet manipulé. Ce risque est largement compensé par la richesse du tissus des relations qui se créent grâce à ce rôle. Que d'hommes et de femmes rencontrés m'ont fait découvrir des réalités nouvelles!

Éloge de la différence

Rude épreuve que la polémique, et excellente leçon. J'y ai perdu un peu de naïveté. J'y ai gagné une meilleure conscience de l'importance des sujets en cause. Les contresens, pour moi évidents, commis par mes contradicteurs me prouvaient la nécessité d'une définition claire des mots et des concepts. C'est ce que j'avais essayé de faire avec mon livre *Concepts en génétique des populations*. Mais à quoi sert un livre s'il ne peut être lu par la majorité des personnes concernées?

Son insuccès m'a fait mesurer la vanité de publications dont le but réel (même si l'auteur le nie avec véhémence et sincérité) est de faire étalage de connaissances et d'agilité intellectuelle. Le contact avec des auditoires peu préparés à entendre un professeur de « génétique mathématique » m'avait montré clairement un fossé : d'un côté ceux qui jonglent avec les concepts, peaufinent une équation, font carrière à partir d'une idée bien formulée; de l'autre ceux qui sont emprisonnés dans un savoir parcellaire pire peut-être que la totale ignorance. Ils ont entendu parler du chromosome du crime, des surdoués, des gènes récessifs responsables des tares. Ils sont chaque jour, dans leur journal et à la télévision, assaillis de termes dont ils ne détiennent pas les clés. Ils en acceptent le message global : la nécessaire soumission à la fatalité. Pour faire bon poids quelques escrocs leur expliquent que le développement futur de leurs amours ou de leurs carrières dépend de la conjonction de Saturne et de Mars, ou de la position d'un astre lointain le jour de leur naissance. Comment ne pas réagir devant un tel matraquage en direction d'hommes et de femmes qui confondent astronomie et astrologie, patrimoine génétique et prédestination ?

Avec de belles équations, il est possible de montrer le vide de mots qui, pourtant, pèsent lourd dans les échanges entre hommes, si lourd qu'ils peuvent massacrer des vies entières. Mais à quoi servent-elles, ces équations, si les intéressés ne peuvent les comprendre ? Trois mots, parmi bien d'autres, mettent en évidence le fossé que creuse parfois le langage scientifique : tare, race, élite.

Une famille « tarée » semble clairement définie : une famille qui a mis en évidence la présence de gènes délétères dans son patrimoine en donnant naissance à un enfant touché par l'une de ces terribles maladies, mucoviscidose, tyrosinémie, myopathie, Tay-Sachs... dont la cause génétique est bien connue. Un court raisonnement permet de remettre en question cette définition : en Europe, un enfant sur deux mille naît mucoviscidotique ; la proportion semble faible ; elle permet cependant de calculer que la proportion des personnes porteuses du gène responsable sans le manifester est de une sur vingt, ce qui est considérable. En France le nombre des porteurs est donc de l'ordre de deux millions et demi ! Dans l'ensemble, la probabilité de n'être porteur d'aucun des gènes liés aux maladies répertoriées comme « génétiques » est pratiquement nulle ; nous sommes donc tous potentiellement « tarés », et même polytarés.

Une « race » : il suffit de comparer les Suédois et les Sénégalais pour percevoir leur différence raciale. Cette évidence est fondée sur la couleur de leur peau. Pourquoi ne pas la fonder sur des caractéristiques biologiquement plus significatives, comme les groupes sanguins ou les systèmes immunologiques ? La rigueur conduit à comparer les individus ou les groupes en fonction de multiples caractéristiques prises en compte simultanément ; cela oblige à recourir à un concept mathématique assez subtil, celui de distance génétique. On constate alors que les distances observées ne permettent pas de tracer des frontières entre les groupes sans un arbitraire tel qu'elles perdent tout sens. Soumise au crible de la rigueur, l'évidence a disparu. Il ne reste plus que des mots sans contenu.

L'« élite », chacun sait que toute société en sécrète une. Le biologiste peut-il apporter son éclairage sur les mécanismes qui permettent d'affecter ou non une personne à l'élite ? Il serait si confortable de constater que cette caractéristique est une donnée de la nature, qu'elle est fatale, qu'aucune question sur la pertinence de cette affectation ne peut donc être posée. Il se trouve que le généticien se déclare incompétent : il ne connaît aucun gène qui puisse être lié à la réussite sociale. Pour lui l'accomplissement intellectuel n'est pas génétiquement transmissible ; la trop célèbre banque du sperme des prix Nobel n'est qu'une escroquerie grotesque.

Toutes ces évidences, sur lesquelles les scientifiques concernés ne reviennent plus, ne sont guère connues du grand public. Pis, c'est au nom de la science que les affirmations opposées lui sont assenées.

Poussé par un sentiment d'urgence, j'entrepris la rédaction d'un livre ; je ne me sentais pas le droit de ne pas l'écrire. J'essayais d'y présenter les bases du raisonnement du généticien et, sans l'aide d'équations ni de mots techniques, d'y dérouler les principales phases de ses déductions. Mon manuscrit plut à Jean-Marc Lévy-Leblond, responsable aux Éditions du Seuil de la collection Science ouverte. Restait à lui trouver un titre, ce fut une œuvre collective autour d'une table de restaurant; combien fallut-il d'essais sur la nappe en papier et de bouteilles de beaujolais pour aboutir à *Éloge de la différence*? Je ne m'en souviens plus.

Le service commercial du Seuil fit remarquablement son travail; mon livre eut droit à un article de Jean Bernard dans *Le Monde* et à un passage à « Apostrophe ». Publicité efficace; son succès fut supérieur aux espérances. De nombreux professeurs, dans les lycées, firent travailler les élèves sur certains chapitres; quelques passages furent proposés comme textes à résumer et commenter aux épreuves de français ou de philo du bac. Dix ans plus tard, il poursuit sa trajectoire.

Cet enfant qui a réussi m'apparaît parfois gênant, comme ces membres de la famille qui ont la chance d'une belle carrière et qui jettent de l'ombre sur leurs frères et leurs cousins.

Grâce à lui, je ne subis plus le supplice de l'auteur en quête d'éditeur; je suis plutôt un gibier d'éditeur. La transition est rapide et ne tient qu'à un gros tirage, mérité ou non.

Écrire

Beaucoup de sujets me tenaient à cœur. Je les mis en faisceau dans le livre suivant, *Au péril de la science*. Le titre évoque pour moi une petite église enfouie dans les landes bretonnes près de la mer : Notre-Dame-de-la-Joie – au-péril-de-la-Mer.

Je m'éloignai des polémiques qui avaient précédé, m'efforçai d'insister sur les concepts qui sous-tendent notre compréhension du monde, notre rapport au réel, sans oublier l' « incertitude » et l' « indécidabilité ». Incertitude : la nature est trop riche pour que le moindre élément du monde réel puisse être totalement décrit. Indécidabilité : la diversité des affirmations possibles est trop étendue pour que notre logique puisse y tracer une frontière définitive entre le vrai et le faux. Ces constats me semblent porteurs de libération : ni la réalité ni la logique ne peuvent nous enfermer définitivement. Ces idées me procurent une profonde jubilation. J'écrivis ce livre, paru en 1982, pour la faire partager.

Je n'osai cependant y manifester certains engagements personnels qui, alors, se précisaient peu à peu. Les problèmes de société, ceux que pose le maintien de la paix, étaient évacués. Je me décidai à les évoquer en écrivant le livre suivant, à la demande de l'éditeur belge de la revue *Le Genre humain*, lancée avec quelques amis peu d'années auparavant. J'osai m'impliquer plus personnellement. Je me permis même un « après-dernier » chapitre intitulé « Et au-delà... ». Il doit beaucoup à l'expérience des conférences, aux réactions de ceux qui, si souvent, m'interpellent par la question : « Croyez-vous en Dieu ? »

Depuis, je suis incapable de cesser d'écrire ; chaque livre me semble tellement plus important que les précédents ! L'écriture est pour moi indissociable du cheminement de la pensée ; elle en révèle les failles et lui donne un nouvel élan. Et pourtant parfois, quelle souffrance, lorsque le mot ou la phrase se dérobe.

La cible des livres suivants s'est déplacée. Elle n'est plus mes chers collègues de l'université ou les étudiants du niveau bac plus trois, mais les jeunes de quinze-dix-huit ans. La façon dont ils formulent leurs interrogations est autre, mais leurs objets restent les mêmes : l'univers qui m'entoure, moi en son centre, les autres, leur destin, la liberté, la mort. Je n'essaie pas d'apporter des réponses, mais d'aider le lecteur à mieux formuler ses questions, à propos de lui-même dans *Moi et les autres*, de l'état actuel de la planète dans *5 Milliards d'hommes dans un vaisseau*.

C'est en se questionnant que chacun devient lui-même. Peut-il y avoir responsabilité plus grande que de l'aider dans cette autoconstruction ?

Le Genre humain

Les prises de position fermes sur des sujets qui déclenchent des polémiques apportent parfois une récompense inattendue : la rencontre d'hommes et de femmes inconnus qui, au loin, sans qu'on le sache, défendaient les mêmes idées, développaient une argumentation semblable.

Les passages de mes livres ou de mes articles consacrés à la position des biologistes face au racisme m'amenèrent à rencontrer, lors de débats, le spécialiste incontesté de l'histoire de l'antisémitisme, Léon Poliakov. Une véritable récompense; comment ne pas être séduit par cet homme dont les yeux, malgré les années, sont restés ceux de ses vingt ans? Érudit, capable d'une écoute toujours attentive et bienveillante, il assure, à lui seul, la qualité d'une discussion. Son accent, importé il y a bien longtemps de Saint-Pétersbourg, ajoute à l'humour dont il aime éclairer ses remarques. Il imagina que la rencontre de trois disciplines, l'histoire son domaine, la sociologie représentée par Colette Guillaumin, et la génétique qu'il découvrait dans mes écrits, pourrait apporter des éléments importants, sinon décisifs, à la lutte contre « la bête immonde ». Il provoqua des rencontres à trois, obtint les moyens matériels (généreusement apportés par la Maison des sciences de l'Homme) et fit naître à la fin de l'année 1979 ce qui, au départ, était un simple cahier périodique : *Science et tensions sociales*.

Dès les premiers numéros, il fut flagrant que le mélange proposé comblait un vide. La formule du Cahier publié à quelques centaines d'exemplaires sur une douzaine de pages était insuffisante; il fallait viser plus haut, plus large, plus épais. L'intervention dynamique de Maurice Olender permit de réaliser les mutations qui s'imposaient, de faire de *Science et tensions sociales* une revue avec pignon sur rue : *Le Genre humain*. J'ignorais dans quel engrenage l'équipe fondatrice mettait le doigt. Ceux qui ont eu l'audace ou l'inconscience de lancer une revue savent que cet enfant, une fois mis au monde, exige une ration toujours plus abondante. Par chance, un groupe efficace de chercheurs de multiples horizons se mit spontanément en place autour de Maurice Olender, permettant aux pères fondateurs de constater avec attendrissement le développement de leur rêve initial. Vivre, c'est se transformer, cela est vrai aussi pour une revue. « Militante » et « engagée » à ses débuts, celle-ci est devenue plus intellectuelle et raisonnable. Le lecteur type était l'instituteur à la recherche d'arguments solides pour lutter contre le racisme quotidien ; il est devenu le thésard en quête de références, ou le chercheur universitaire soucieux de compléter sa documentation et de découvrir des idées nouvelles. Évolution sans doute naturelle. Pourtant je suis sensible au danger d'écrire et de publier avec l'ambition première, terriblement autodestructrice, de démontrer que l'on est cultivé, informé, intelligent.

PRENDRE PART

La bête immonde

Agressives ou exprimant la sympathie, les réactions à mes prises de position m'ont montré à quel point les sujets débattus étaient décisifs. Des recherches qui peuvent paraître purement théoriques, l'analyse rigoureuse d'un paramètre, ou la mise au point d'une méthode précise de sa mesure, constituent en fait un moyen d'ouvrir notre regard sur les hommes. Bien des idées reçues se trouvent bouleversées. Je constatais que les mots, particulièrement ceux que forgent les scientifiques, représentent, utilisés par d'autres sans précaution, des pièges redoutables. Ce sont des armes d'autant plus efficaces que les victimes ne voient pas le danger. Ne pas réagir devant leur emploi, c'est se rendre complice d'une perversion. En acceptant de m'exprimer, j'eus l'occasion de côtoyer une catégorie de femmes et d'hommes bien peu représentée dans les milieux où j'évoluais d'ordinaire : les « militants ». Le mot fait sourire certains. Ils voient là de braves naïfs qui passent leurs soirées à coller des affiches au profit de quelques politiciens. Je découvris des hommes et des femmes bien peu intéressés par la petite politique, passionnés par la cause de l'Homme, prêts à tous les efforts pour lutter contre les injustices. Et d'abord contre cette injustice majeure : la racisme, cette « bête immonde ».

Devant le renouveau de cette perversion dans notre pays, des organismes comme la Licra et le Mrap luttent pied à pied avec courage. Sans y participer, j'étais depuis longtemps de cœur avec leur combat. Les polémiques qui m'avaient opposé aux représentants de la Nouvelle Droite m'avaient amené à m'exprimer à la radio et à la télévision, à écrire dans les quotidiens. Beaucoup d'auditeurs et de lecteurs comprenaient mes propos. Je ne disais rien d'autre que des évidences, bien connues de mes collègues en génétique et pourtant pratiquement ignorées du public. Je devenais sans l'avoir cherché, un « homme de médias ».

Évoquer le racisme, raisonner à propos de caractéristiques supposées raciales, ne peut avoir de sens tant que l'on n'a pas défini le mot « race ». Cette définition fait nécessairement référence au patrimoine génétique des populations. Des travaux consacrés à ce sujet aboutissent à une conclusion maintes fois exprimée. En France, par exemple, des chercheurs comme François Jacob ou Jacques Ruffié l'ont montré : il est impossible de répartir les populations humaines en races sans un arbitraire tel que le concept perd l'essentiel de son sens. A de multiples occasions je rappelai ce constat. Les diverses associations antiracistes ont vu là un argument important. Elles me demandèrent d'intervenir dans des réunions où il fallait employer un langage accessible à tous.

Là, j'eus la chance de rencontrer un homme qui me semble l'exemple noble du militant, Albert Lévy. Animateur du Mrap, il trouve tout naturel de mettre sa vie entière au service d'une lutte ; son engagement est total. Il est l'âme de son mouvement pour l'amitié entre les peuples. Dans ce corps apparemment si frêle, on devine une force indomptable. Il n'est pas de ces intellectuels dont l'intelligence est au service d'elle-même ;

la sienne, qui est vive, est au service des hommes. Face à lui je ne peux me contenter de n'être que moi-même. Lorsqu'il me propose de faire un exposé devant les « militants » de telle ville de banlieue, de participer à tel événement, comment lui refuser?

Quelques jours après l'attentat contre une synagogue de la rue Copernic, Albert Lévy me demande de faire partie de la délégation du Mrap à la manifestation organisée de la Nation à la Bastille. Pour la première fois de ma vie, je défile dans les rues de Paris. A l'intérieur de l'immense cortège, ma présencce ne pèse guère. Mon absence aurait été une lâcheté.

Depuis, bien des occasions m'ont été données de prendre part à des « manifs » témoignant du rejet d'actes racistes inadmissibles. Il y a plus d'un an, nous étions silencieux devant le portail du Père-Lachaise; on y portait le corps de Dulcie September. Si ce livre est lu dans quelques années, bien des lecteurs, je le crains, auront oublié ce nom. Dulcie S. était la représentante en France de l'ANC, organisation de lutte contre l'apartheid. Froidement, sauvagement, elle a été abattue, de jour, en plein Paris. Je n'oublierai pas les chants de ses compatriotes glorifiant la vie et la liberté devant son corps mort, enfermé pour toujours.

En participant à cet hommage, je ne m'engageais pas dans un camp pour combattre un autre camp; je n'aidais pas un groupe d'hommes à vaincre un autre groupe d'hommes. Je participais à la lutte pour la survie de l'homme. Dulcie September, comme Nelson Mandela dont elle partageait le combat, est une figure de proue.

Tous deux sont à la fine pointe de la construction des hommes par eux-mêmes. Et cette construction ne peut se poursuivre que si quelques-uns manifestent, quel qu'en soit le prix, la rigueur qui fait d'eux des symboles.

L'un et l'autre sont les symboles de l'exigence absolue d'honnêteté, de solidarité. Pour eux, la liberté n'a pas de sens si elle ne concerne que leur personne; elle doit concerner tout leur peuple, et au-delà, tous les hommes.

Comme notre terre serait changée si nos exigences personnelles étaient au niveau de celles qu'ils ont su affirmer !

Travail et Culture

Les conférences les plus difficiles que j'aie eu à prononcer sont certainement celles que m'a demandées Travail et Culture. Cet organisme regroupait de nombreux comités d'entreprise, et mettait en place des activités « culturelles », entre autres des débats dans les usines, à l'heure de la cantine. J'arrivais un peu avant midi et me trouvais, deux heures durant, devant un auditoire constamment changeant. Les uns venaient m'écouter ou discuter le sujet proposé quelques minutes avant d'aller se restaurer; d'autres, après avoir déjeuné brièvement, participaient à la réunion jusqu'à la reprise du travail; d'autres encore s'installaient avec un sandwich et une bouteille de bière. Des échanges passionnés. Pour ces hommes et ces femmes, les sujets abordés pesaient lourd : l'origine de la vie, la définition de l'homme, les races, les dons, l'apartheid, la hiérarchie, la fatalité...; je sentais une soif énorme de savoir et surtout un besoin de mieux questionner. J'ai vu combien certains souffraient d'être face à un mur infranchissable, lorsqu'ils se sentaient incapables de bien formuler une question ou une opinion. L'école leur a appris que $\pi = 3,14$, mais elle ne leur a pas montré comment utiliser la parole, cet outil de libération, comment profiter de l'interaction des idées et des phrases, qui naissent les unes des autres, en un jeu fascinant et fécond.

L'animatrice de ces rencontres m'appelait souvent pour m'envoyer tantôt dans une imprimerie d'Alfortville, tantôt dans une usine d'aviation à Courbevoie. Par ces rencontres où l'auditoire ne laissait passer aucune imprécision, aucun court-circuit logique, je me suis trouvé obligé d'aller au bout de ma propre réflexion, de débusquer les tours de passe-passe intellectuels résolvant les problèmes par des pirouettes. Rien n'est plus exigeant qu'un public « populaire » dès qu'il a compris qu'il peut comprendre.

Une expression souvent formulée au cours de ces réunions m'agaçait, à vrai dire, celle de « lutte des classes ». Pour moi, c'était l'expression type de la langue de bois des « marxistes ». Durant ces échanges, j'ai pourtant dû me poser la question : n'appartiennent-ils pas à deux classes différentes ceux qui, comme moi, sont payés pour étudier, écrire, réfléchir, faire un usage permanent du langage, et ceux qui sont payés pour obéir, se taire, et sont, de fait, privés de cet outil ? La lutte entre ces « classes » est sans doute nécessaire si l'on admet l'exigence d'un peu moins d'injustice. Dans cette lutte, je ne me sens pas un traître en travaillant apparemment contre mon propre camp.

J'aurais pu découvrir tout cela intellectuellement, à travers les livres. J'ai eu la chance de l'entr'apercevoir au contact d'autres hommes. Malheureusement, l'association parisienne Travail et Culture est aujourd'hui fermée. Le téléphone ne m'envoie plus dans des usines de la banlieue mais d'autres occasions de contact se multiplient.

Trafic d'influence

X. m'appelle de Créteil. Il m'a connu dans une maison d'arrêt où j'étais venu faire une conférence. Sa peine purgée, libre, naturellement il est chômeur. Il participe à la révolte des ayants droit de l'Assedic locale à qui, depuis plusieurs mois, aucune indemnité n'a été versée. Le personnel n'est pas assez nombreux pour étudier leurs dossiers. Les caisses, leur prétend-on, sont vides. Ils savent pourtant que l'administration dispose d'un trésor de plus de deux milliards de centimes inutilisés l'année précédente, tant le traitement des dossiers a pris de retard. Les réserve-t-on pour quelque entreprise grandiose ? Leur sort à eux n'a rien de grandiose ; il s'agit du quotidien, du loyer en retard, de la menace de coupure de l'électricité. A leurs réclamations, les « autorités » opposent le silence. N'ayant plus d'autre issue, ils se sont résolus à employer les grands moyens et sont venus occuper les locaux de l'Assedic. Ils sont dans l'illégalité; les meneurs sont menacés d'inculpation; ils attendent une descente de police venant « rétablir l'ordre ». Pour donner du poids à leur action, l'appui de « personnalités » est nécessaire. « Pouvez-vous venir, même quelques minutes ? »

Je me trouve face à une cinquantaine d'hommes et de femmes, chômeurs, certains en « fin de droits », tous en fin de patience. Des jeunes et des vieux, qui ne voient plus d'horizon. J'exprime ma solidarité. Tout au fond de moi j'ai un peu honte. La société leur refuse leurs droits. Par cette même société mon quotidien est assuré, pas le leur.

Ma visite, m'assurent-ils, est utile; les noms de quelques professeurs venus jusqu'à eux feront réfléchir les autorités. Elles ne pourront les balayer d'un geste. Ils obtiendront satisfaction quelques jours plus tard, sans que les « forces de l'ordre » se soient manifestées. J'espère que les interventions semblables à la mienne n'y sont pour rien; mais je n'en suis pas sûr.

Bien malade une société où les droits de certains ne sont reconnus qu'au prix de cette forme du trafic d'influence.

La charte de Delphes

Le terme « public » m'a toujours semblé, dans la bouche des artistes ou des orateurs, un peu méprisant, révélateur d'un regard pour lequel l'ensemble des auditeurs ou des spectateurs ne forme qu'une masse indifférenciée. Je suis devenu plus sensible à ce mépris depuis qu'un poste de télévision est récemment entré dans notre appartement.

Alix et moi avons résisté longtemps. Je n'étais pas mécontent de ne pas partager, ici ou là, les « conversations du lendemain matin » à propos du film passé la veille au soir, déclarant négligemment : « nous n'avons pas de télé » (je n'étais pas mécontent simultanément, d'y apparaître parfois). Ce petit snobisme ne m'est plus permis; nous avons, depuis peu, capitulé.

Je me méfiais, sans le connaître, de ce faux interlocuteur. Il ne sait que parler et montrer, alors que j'attends de celui qui est face à moi qu'il sache aussi écouter et regarder. Je craignais cette technique qui transforme tout orateur en menteur : il fait semblant de s'adresser à moi en fixant mon regard, en réalité il est face à l'œil froid d'une caméra. Mais je n'imaginais pas que le processus de pourrissement en était arrivé à ce point. Les stupides jeux d'argent, le loto, le tiercé, les résultats sportifs, tiennent la place principale. Les programmes sont entrés dans la spirale vicieuse où l'entreprise de crétinisation de tout un peuple, tenu plus en haleine par un match de tennis que par son propre avenir, va aboutir à l'apathie et, suprême espoir de tout pouvoir, à l'encéphalogramme plat.

Comment en est-on arrivé là?

Sans doute par une interversion entre moyens et objectifs provoquée par l'irruption de la « rentabilité », qui a tout perverti. Apporter information et distraction au téléspectateur était l'objectif premier; aujourd'hui, il s'agit d'apporter des téléspectateurs aux publicitaires.

Hamlet n'est plus une interpellation lancée par Shakespeare pour faire réfléchir le spectateur, mais un filet lancé par un directeur de chaîne pour apporter du gibier aux commerçants. L'auditeur n'est plus une personne à captiver intelligemment, mais une proie à capturer sournoisement. L'objectif n'est plus d'informer, d'aider à mieux formuler des interrogations, d'inciter à faire effort pour affiner son regard; il est de plaire, et, pour plaire, de flatter la paresse intellectuelle.

Notre société affronte, certes, des dangers plus urgents. Cette perversion d'un outil qui pourrait être merveilleux, agit cependant à la façon d'un poison subtil qui se répand peu à peu dans tout l'organisme et contre lequel il est temps de réagir. On est scandalisé par le dignitaire nazi qui prétendait, entendant le mot « culture », sortir son revolver. Ceux qui gèrent aujourd'hui la TV commerciale, à ce mot, rentrent leur portefeuille; le résultat n'est guère différent.

En automne 1988, j'ai été invité à un colloque réunissant à Delphes artistes, réalisateurs de cinéma et de télévision, et scientifiques. Il s'agissait de réfléchir aux mesures nécessaires pour que la télévision joue véritablement son rôle. Je m'éloignais de mon domaine de compétence. L'intérêt des rencontres possibles et la beauté du site me tentaient. J'avais la chance de pouvoir faire mon métier de citoyen, d'exprimer mon opinion sur la façon dont, en tant que téléspectateur, je suis traité.

La charte de Delphes publiée à l'issue de cette rencontre insiste sur la nécessaire disparition des trop fameuses coupures qui découpent en tranches les films projetés. L'exemple français est significatif de la gangrène qui a gagné les esprits. Des artistes connus, des cinéastes de talent, ont demandé publiquement le maintien de ces coupures, sources de recettes publicitaires permettant d'aider la production d'œuvres nouvelles. Leur raisonnement est parfaitement rigoureux. Le cadre logique est absurde. On pourrait tout aussi bien accroître les ressources du ministère de la Culture en découpant la Joconde en plusieurs morceaux exposés dans des musées différents. Si ce surplus était utilisé pour aider les jeunes artistes, ceux-ci devraient-ils supplier que l'on mutile ainsi le plus grand nombre possible de toiles pour dynamiser la création?

Les conditions de fonctionnement des chaînes les bâillonnent lorsqu'elles sont en cause. Elles ne peuvent évoquer leurs propres problèmes. L'appel lancé par la charte de Delphes a été étouffé par leur silence délibéré.

Du sanctuaire d'Apollon

A l'heure chaude, je m'évade d'une séance de travail à l'Institut culturel européen de Delphes. Je vais errer dans les ruines du sanctuaire d'Apollon. Tout en haut, je suis face aux immenses roches, brutales, qui dominent les temples, les trésors, ces merveilleuses productions des hommes, témoignages de leur passion pour le beau, de leur goût, de leur sensibilité. Pendant des siècles, ce lieu fut le centre du monde. La légende a disparu, sa magie opère encore.

Du haut de ce rocher, ces hommes sensibles précipitaient ceux qui avaient offensé Apollon. Leur sacrilège était puni par cette chute terrifiante. Ésope lui-même, dit-on, y fut condamné. J'imagine les corps lancés dans le vide, rebondissant de roc en roc, peu à peu défaits, sanglants, s'engloutissant dans la sombre vallée d'où sort la source bienfaisante où les pèlerins vont s'abreuver.

Impossible de détacher mon regard de la procession qui monte lentement au sommet, entraînant le condamné. Les prêtres, sereins et magnifiques, font leur métier de juges et de bourreaux. Le peuple est satisfait; dans quelques instants, il pourra jouir d'un spectacle rare et chaque fois apprécié. Mais, « lui » marchant au supplice, que pense-t-il? C'est fini; ce sont ses derniers pas; le terme de sa vie est là. Quelque part, sur ce bloc-ci ou sur ce bloc-là, dans ce creux peut-être entre deux arbustes accrochés à la muraille, ses membres se fracasseront, la vie le quittera. Pour l'instant il vit.

Je vis. L'air est doux. Un vent léger vient du golfe d'Itéa. Des tourterelles enroulent leur vol autour de ce cyprès. Que le monde est beau! Quelle merveille de le contempler! Faut-il moins goûter cette contemplation, de la savoir ultime? Il me faut vivre au présent. Autour de moi tous ne pensent qu'aux actes à accomplir, au spectacle de ma chute à ne pas manquer, à la bonne place à réserver, au repas de ce soir, aux soucis de demain. Pour moi ce soir et demain n'existeront pas.

Quelle chance de vivre dans l'instant, d'être le seul, au milieu de cette foule, à savourer totalement cette minute, à voir dans ce petit nuage soudain apparu dans le ciel bleu, un ami qui me fait signe, qui m'appelle, que je vais rejoindre.

Prisons

Au cours d'un séjour au Québec, des éducateurs en milieu carcéral me parlent d'un groupe de détenus d'une prison de haute sécurité proche de Montréal. Ils ont durant des mois travaillé sur certains de mes livres, ils aimeraient avoir avec moi un contact direct. Nous fixons une date; la rencontre a lieu durant un long après-midi. S'évader de cette prison est, paraît-il, impossible; y entrer sans y être contraint n'est guère facile. Les contrôles tatillons s'éternisent; une grille se ferme derrière moi avant qu'une autre s'entrouvre devant. La mise en condition du visiteur est fort bien réussie. Impossible durant les premiers instants d'oublier les multiples murailles qui nous entourent. Le miracle de la communication opère pourtant. Quelque vingt détenus m'entourent. Entre nous s'établit le même dialogue qu'avec tout auditoire. Plus fervent. Ils n'ont pas tous les jours un professeur à leur disposition. La discussion porte d'abord sur la génétique, le déterminisme des caractéristiques biologiques, les théories de Lombroso, les « chromosomes du crime »... Elles s'étendent bientôt à d'autres sujets, la vie, la mort, la liberté...

Ils ne sont ni de petits saints, ni de braves gens injustement condamnés; ils ont été jugés et, admettons-le par hypothèse, bien jugés. Je ne suis pas un juge. Je ne représente pas la société contrainte de punir et de se protéger. Je suis un homme comme eux; nos échanges sont riches de nos expériences diverses. Lorsque nous nous séparons, chacun peut dire sincèrement à l'autre, merci.

Cette expérience sera renouvelée dans des « maisons

centrales » françaises. Chaque fois je rencontrerai la même qualité d'écoute ; je ressentirai le même sentiment de me trouver face à un problème bien mal résolu par notre société.

L'une des idées évoquées au cours de ces entretiens me paraît lourde de conséquences : en mettant les condamnés hors de la réflexion collective, une nation se prive d'une source qui pourrait être féconde. Ils ont été condamnés, pour des raisons qui ne sont pas ici remises en cause, à être privés des libertés garanties aux autres citoyens. Pour autant, pourquoi les exclure des réflexions qui permettent à une société d'évoluer, de vivre ? Il ne s'agit pas de servir leurs intérêts, mais de poser globalement le problème carcéral avec, comme objectif, l'intérêt collectif. Il suffit de constater l'inefficacité du système actuel, l'accroissement continu du nombre des incarcérés, l'alourdissement du coût supporté par le pays, pour admettre qu'une réforme en profondeur est nécessaire. Pourquoi ne pas associer à sa définition ceux qui connaissent le système actuel de l'intérieur ? Mes rares contacts avec eux, les documents remarquablement rédigés qu'ils m'adressent, me le prouvent : leur apport pourrait être précieux. La question ne concerne pas seulement les prisonniers et les membres du système judiciaire et carcéral, mais tous les citoyens.

Un premier pas dans la bonne direction serait franchi si tous les chercheurs, les professeurs, ceux dont le métier est d'accumuler un peu de connaissances, acceptaient d'aller les partager avec les prisonniers. Hélas les esprits y sont bien peu préparés ! Après un passage dans une maison centrale, j'écrivis à une vingtaine de mes collègues pour leur affirmer qu'ils ne perdraient pas leur temps en y allant, et leur proposer quelques adresses. Un seul me donna son accord.

Max Vandapuye

L'hypothèse de départ « Ils ont été bien jugés » ne peut hélas pas toujours être admise. L'erreur judiciaire n'existe pas que dans les romans. Dans le meilleur des cas, un comité se crée pour tenter de la réparer. Son efficacité dépend de la notoriété des « personnalités » qui y figurent. Bien sûr, ce sont toujours les mêmes qui sont sollicités. S'ils acceptent de mettre leur nom dans la liste ils participent à un trafic d'influence ; s'ils refusent, ils admettent sans réagir une iniquité.

Le trafic d'influence, en ce cas, juge non ceux qui le pratiquent, mais la société qui oppose l'inertie administrative à la recherche de la vérité.

Max-Ernest Vandapuye représente pour moi le cas typique du condamné mal jugé. Son casier judiciaire n'était pas vierge, sa peau noire, des policiers crurent qu'il tirait sur eux, cela aboutit, au terme d'une instruction bâclée et d'un procès expéditif, à une peine de quinze ans. Il a pu être démontré, depuis, qu'il ne pouvait pas avoir une arme en main au moment des faits, cela n'a pas suffi à modifier sa condamnation. Grèves de la faim, tentatives de suicide, n'eurent aucun effet.

Le seul espoir résidait dans l'intervention de quelques « noms » plus ou moins connus. Au départ, il s'agit d'apposer sa signature au bas d'un texte, d'un article de presse, d'une lettre au ministre. Peu à peu, la nécessité apparaît d'une action plus concrète. Pour que le ministre de la Justice accepte d'entamer la procédure de révision du procès de Max-Ernest Vandapuye, il fallut que Marguerite Duras, Claude Mauriac, Jean-Marie Domenach, Théodore Monod et moi-même, nous rassemblions un après-midi d'avril 1988 place Vendôme et obtenions une entrevue immédiate de son directeur de cabinet.

Ce rôle qu'acceptent de jouer certains « intellectuels » leur vaut quelques sarcasmes. Reprenant un mot d'Arthur Koestler, les adversaires des thèses défendues par ces « naïfs » les présentent comme des « call girls ». On les appelle, ils accourent, prêts à n'importe quel combat en échange d'un peu de notoriété. Pourquoi, en effet, vouloir influencer le cours de la justice, qui devrait se dérouler en ignorant ces interventions ? Pourquoi défendre telle cause alors que tant d'autres plus importantes peut-être restent à l'abandon? Certes. Mais celle-là m'a été mise devant les yeux : par hasard, par coïncidence, par volonté extérieure...? Peu importe. Il m'est impossible de jouer l'ignorance. Max Vandapuye est, quoi que je fasse maintenant, mon « prochain ». Le mot a été galvaudé ; il pèse pourtant son poids d'Évangile. Aujourd'hui, il est libre. Je l'ai rencontré lorsque, autour d'un verre, tous ceux qui étaient intervenus pour obtenir justice fêtaient son nouveau départ.

Je sais, grâce à cette expérience, que des milliers de Vandapuye dans le monde et dans mon pays sont encore derrière les barreaux, et nous ne lèverons pas notre verre en leur honneur. Mieux vaut le savoir.

Kutlu et Sargin

Le scandale des emprisonnements abusifs est plus intolérable encore lorsque les victimes subissent non les effets d'une erreur judiciaire mais la violation délibérée des droits les plus fondamentaux, par exemple celui de penser. Tel est le cas de Kutlu et Sargin actuellement. Ils sont revenus dans leur pays, la Turquie, avec l'intention affichée d'y vivre en citoyens, d'y reconstituer un parti communiste. Aussitôt incarcérés, torturés, leur procès s'étire d'audiences en reports d'audience. Le « procès » d'Ankara devient peu à peu le symbole des innombrables procès de ces pays kafkaïens et splendides. Le Comité Turquie-Liberté s'efforce d'informer les Français sur la réalité de cet État voisin, allié, membre un jour, peut-être prochainement, du Marché commun. Durant l'été 1988, ses animateurs me proposent d'aller assister à la prochaine audience ; la présence d'observateurs étrangers est le seul moyen d'imposer à ce tribunal un moindre mépris des droits de la défense. Empêché, je demande à Hélène Amblard de me représenter. Elle revient scandalisée par ce qu'elle a vu, bouleversée par les récits qu'elle a entendus. Incrédule, tant l'horreur de ces témoignages est insoutenable, je rencontre à Paris l'un de ceux qui sont passés par les prisons turques pour délit d'opinion. Il évoque sobrement quelques souvenirs. Loin d'en ajouter, de toute évidence, il gomme; ces images inscrites en lui sont trop horribles pour être décrites par des mots.

Des procédés dignes de la pire barbarie sont utilisés quotidiennement tout près de nous, et nous ne le savons pas; pis : nous nous arrangeons pour ne pas le savoir. De même les paysans travaillant dans les champs des environs d'Auschwitz « ne savaient pas » ce que signifiait la fumée noire des crématoires.

Je ne savais pas non plus que l'on noyait des Algériens à Paris en novembre 1961.

Quartiers d'isolement

Que ce soit pour punir ou pour se protéger, la société, par la voix des juges, décide de priver tel coupable de liberté. « L'incarcération, dès le franchissement de la première grille, broie l'ensemble des valeurs sociales au regard d'un phénomène abstrait, la liberté, dont le détenu ne prend réellement conscience qu'après l'avoir perdue », m'écrit un détenu qui m'avait demandé de faire une conférence dans la maison centrale où il est prisonnier. Sans doute ceux qui n'en ont jamais fait l'expérience ne peuvent-ils sentir le poids de cette privation. Le verdict est lourd, admettons qu'il soit justifié. Mais au nom de quoi l'administration pénitentiaire lui ajoute-t-elle d'autres peines qui n'ont pas été explicitement infligées? Priver le détenu de tout rapport sexuel avec son épouse, avec son amie, cette peine ne figure pas au code pénal. On l'impose sournoisement, comme une conséquence inéluctable de la détention. Nulle part, il n'est écrit qu'elle est normale.

Même hypocrisie, même processus, pour la peine d'enfermement dans les quartiers d'isolement qui ont succédé aux quartiers de haute sécurité. Hypocrisie mise en évidence par le pas de clerc d'un ministre de la Justice. Magistrat, M. Arpaillange sait quelle réalité recouvre le sigle Q.I. Une de ses premières décisions, une fois nommé garde des Sceaux, a été de les supprimer. Devant la réaction horrifiée de l'opinion publique, manipulée par les mouvements politiques présentant les prisons comme des hôtels quatre étoiles, sa décision dut être immédiatement abrogée.

De quoi s'agit-il? De locaux où des hommes sont mis « hors d'état de nuire », selon l'objectif avoué, mais aussi où les personnalités sont brisées, conséquence acceptée sinon souhaitée. Les psychologues le savent bien, l'isolement détruit. L'absence de tout contact, de tout apport extérieur, est une agression qui provoque un effondrement physique et psychique aussi efficace que la torture. Il n'est pas excessif de présenter les Q.I. comme des lieux de « torture blanche ». Blancs sont les murs des quartiers d'isolement; blanches sont les mains de ceux qui y envoient les détenus « difficiles ». Mais ma conscience à moi, citoyen au nom de qui cette torture est infligée, peut-elle rester blanche?

Lorsque quelques « militants », sensibilisés à ce problème par leur aventure personnelle ou celle de leurs proches, me demandent de participer à leur lutte, comment refuser? Il est si facile d'ignorer, de se rassurer : ces gens-là l'ont bien mérité; ils n'avaient qu'à se conformer aux lois; il faut bien mettre la société à l'abri de leurs mauvais penchants... Mais comment admettre que des hommes soient torturés en mon nom? Si je l'accepte, je m'identifie à Barbie, sans même avoir son excuse : « c'était la guerre ».

Barbie

Barbie a torturé au nom d'un principe : la race. Sur le contenu de ce mot, le généticien peut apporter son témoignage. A son procès en juin 1987, le Mrap me fit citer comme témoin.

J'interviens après tant de femmes et d'hommes qui

ont souffert des mains de Barbie; leur vie, par lui, a traversé l'enfer. Ils sont marqués définitivement par les horreurs de l'Occupation. Que peut peser ma parole? Impossible pourtant de me dérober.

Comment ne pas trembler intérieurement en montant l'interminable escalier qui mène à la barre? Les trois juges la dominent de plusieurs mètres. Ils sont impassibles, sévères, attentifs, semble-t-il, plus à la régularité formelle des débats qu'au contenu des dépositions. A gauche la trentaine d'avocats représentant l'accusation; à droite, seul et visiblement satisfait de l'être, l'avocat de la défense. La cage de verre de l'accusé est vide. Il refuse de participer. J'en suis soulagé; je n'ai pas à affronter le regard de cet homme qui a torturé, qui a donné en toute impunité des ordres envoyant des enfants à la mort, qui a mis son point d'honneur à le faire. Mes phrases de généticien me paraissent bien dérisoires. Les autres témoins racontent ce qu'ils ont vécu; ils parlent de sang, de larmes, de mort. Je n'ai à présenter que des raisonnements sur l'absence de fondement biologique de la notion de race ou de la croyance en une hiérarchie naturelle entre les hommes. Ce n'est pas hors sujet; le point de départ de l'idéologie nazie était la croyance en cette hiérarchie.

Comme il est donc facile de berner toute une population aussi évoluée, instruite que le peuple allemand, de la tromper, de l'entraîner au massacre! Comme il est difficile d'empêcher, au nom de la réalité des choses, que soient commises de telles atrocités! Il n'y a pas de symétrie entre l'efficacité du mensonge et celle de la vérité. Un milligramme de poison suffit à tuer; des kilos de contrepoison sont nécessaires pour en atténuer l'effet.

Touvier, dont le procès se prépare, ne croyait même pas à la « race des seigneurs », il ne croyait apparemment qu'en lui-même. Il a prêté la main aux pires crimes. Son aventure clandestine, depuis qu'il est recherché par la justice, est révélatrice d'une étrange attitude de certains milieux ecclésiastiques, qui l'ont aidé. On peut comprendre que, par charité chrétienne, on n'ait pas livré ce personnage aux tribunaux d'exception de la Libération, dont les procédés étaient parfois expéditifs. Mais depuis, la justice a retrouvé sa sérénité sinon son efficacité. L'empêcher de jouer son rôle, c'est manifester un mépris pour la société qui n'est guère en harmonie avec les positions affirmées de l'Église. A moins, ce qui serait pire, qu'il ne s'agisse de camoufler certaines compromissions.

Face à tant d'horreurs les apports de la pensée scientifique paraissent bien dérisoires. L'effort du scientifique consiste à remplacer la réalité par un modèle ; la leçon première qu'il retire de cet exercice est que le modèle ainsi construit est provisoire, révisable, qu'il ne correspond qu'à un pâle reflet d'une vérité inaccessible. L'idéologue remplace la réalité humaine par un modèle d'homme, et prétend décrire la vérité. Fascistes ou intégristes ne voient-ils pas que leur vérité consiste à ne pas croire en l'homme ?

INVENTER LA PAIX

L'apport de la science se résume à un double regard : sur les hommes, sur l'avenir qu'ils se construisent. Chacun tient en un mot : émerveillement pour le premier, angoisse pour le second. A la fin de sa vie, Einstein a exprimé la synthèse de ces deux sentiments par ce constat : « S'il y a un conflit nucléaire, il n'y aura plus personne pour écouter Mozart. » L'univers n'est beau que par le regard de l'homme. L'homme s'apprête à se suicider !

Depuis bientôt un demi-siècle, les grandes nations font reposer leur défense sur le recours à la terreur nucléaire. Comment admettre que l'on défende un pays en le dotant d'une arme qui peut faire fort mal à l'adversaire, même le détruire et dont l'usage entraîne la mort de ses propres habitants ? Il s'agit d'un domaine terriblement complexe où il est pratiquement impossible de prendre en compte l'ensemble des données. Mais l'argumentation en faveur de l'armement nucléaire se borne, dans notre pays, à une série d'affirmations péremptoires. Stratèges et militaires s'abritent en dernier ressort derrière une évidence rassurante, dont ils ne semblent pas constater qu'elle détruit leur point de départ. A ceux qui dénoncent les conséquences de l'emploi de la « force de frappe », ils répliquent : « Inutile de s'inquiéter, on ne s'en servira jamais ; aucun président ne sera jamais assez fou pour déclencher le feu nucléaire ; il s'agit seulement de faire peur, d'empêcher l'adversaire d'attaquer tant la menace brandie est dangereuse pour lui. » Reste à espérer que l'adversaire en question ne saura jamais qu'en tout état de cause, cette menace ne sera pas mise à exécution.

Tout cela est d'une totale absurdité ; on nage en pleine « logique du fou ». Il suffit de lire les discours officiels à ce sujet pour constater qu'ils ne proposent jamais de raisonnement ; ils ne contiennent que des affirmations dogmatiques, des slogans sur la protection apportée par le « parapluie nucléaire ». A plusieurs reprises, j'ai proposé des réflexions à ce sujet dans des articles de presse. A ma grande surprise, aucune réaction ; pas même les injures habituelles à l'intention des pacifistes qui veulent « désarmer la France ». Une apathie totale des Français face à ces problèmes, l'apathie du « consensus ».

L'Appel des Cent

Lorsque, en 1982, quelques personnalités ont voulu constituer l' « Appel des Cent », attirant l'attention de tous sur le danger du surarmement nucléaire, notamment en Europe, j'ai donné mon adhésion. L'objectif correspondait précisément à ce qui me paraissait indispensable : provoquer une réflexion collective sérieuse, à base d'informations solides et non d'affirmations de politicards. Dans l'immédiat, il fallait, à l'époque, lutter contre la transformation de l'Europe en une poudrière nucléaire, l'installation des Pershing et des Cruise américains répliquant à celle des SS 20 soviétiques. Notre mot d'ordre : « Ni Pershing, ni SS 20 ».

A notre appel, une marche dans Paris, de Montparnasse à la Bastille, surpassa largement tous nos espoirs. Des centaines de milliers de personnes défilèrent dans une ambiance joyeuse ; il ne s'agissait pas de prendre parti pour l'Est ou pour l'Ouest, mais de défendre la vie. Tout au long du cortège, j'étais au bras de l'ancien ministre Marcel Paul ; il parcourut courageusement ces quelques kilomètres, malgré sa peine à marcher, due au séjour dans les camps nazis. Dès le lendemain, la décision était prise de poursuivre l'action et de doter l'Appel des Cent d'une structure permanente d'animation ; j'acceptai volontiers d'en être. Je m'affichais ainsi comme un « pacifiste ».

Étrange : partout dans le monde ce mot sonne comme un compliment. En France il équivaut à une injure. Un pacifiste ne peut-il donc être qu'un imbécile, un lâche ou un traître ? La position de l'Appel des Cent, opposé à toute arme nucléaire, quel que soit le drapeau arboré, puis à tout essai nucléaire, n'empêchera pas la cabale.

Une certaine presse nous présente comme une officine crypto-communiste uniquement soucieuse de préparer l'invasion soviétique. A la vérité les participants sont surtout des « humanistes » soucieux du possible suicide de l'espèce. Le mot recouvre bien des nuances. On trouve à l'Appel des Cent des militaires et des ecclésiastiques peu suspects de marxisme militant. Les communistes y sont très dynamiques, est-ce une raison pour présenter tous les autres comme des « sous-marins » camouflant leur appartenance ou comme des « manipulés », incapables de comprendre les prolongements de la cause qu'ils défendent ?

Estimant que le rôle d'un militaire est de défendre son pays, d'en empêcher la destruction, l'amiral Sanguinetti est, en adhérant à l'Appel des Cent, dans la droite ligne de son engagement de soldat ; l'écrivain Suzanne Prou, le comédien Claude Piéplu ont le sentiment de faire simplement leur devoir de citoyen en attirant l'attention de tous sur un danger aussi décisif que la disparition de l'humanité. La pression populaire est nécessaire. Elle peut inciter, aider, les « puissants » à s'engager dans une autre direction. Il faut que cette volonté collective puisse s'exprimer.

J'ai rencontré à l'Appel des Cent des hommes et des femmes sincèrement inquiets du risque d'holocauste général. Parmi eux un homme dont je me souvenais avoir admiré de loin le sang-froid en 1968. Je l'imaginais en prototype du grand chef syndicaliste prisonnier de la langue de bois. J'ai découvert Georges Séguy ; il s'exprime simplement avec une recherche permanente de précision, de rigueur, de sincérité ; des liens personnels se sont noués en profondeur : une amitié faite de confiance, une confiance qu'il n'a jamais trahie.

Quelle est l'attitude la plus efficace pour préserver la paix ? Les opinions divergent ; certains luttent contre la prolifération de nouvelles armes, d'autres préconisent le désarmement unilatéral total. Chacun est tenté de faire énoncer par les autres sa propre position. Dans un groupe comme l'Appel des Cent le danger d'un glissement progressif existe. J'ai pu constater avec quel soin scrupuleux, Georges Séguy veille à ne pas faire dire aux signataires de nos textes plus qu'ils ne veulent exprimer ; il est de ceux qui savent regarder loin et associer politique, rigueur et honnêteté.

Rencontres à Hambourg

D' « utopique » était qualifiée notre démarche par les plus bienveillants. Notre mot d'ordre « Ni Pershing, ni SS 20 » a pourtant été repris à leur compte par les deux grands. A l'accumulation des armes, il semble qu'un début d'élimination se soit substitué. Le vœu d'Einstein, « opposer à la réaction en chaîne des neutrons la réaction en chaîne de la lucidité », resté longtemps lettre morte, paraît aujourd'hui avoir été entendu. Le nœud coulant nucléaire qui allait anéantir l'homme commence à se desserrer. Faut-il abandonner cette lutte en admettant qu'elle est gagnée ?

Je crois au contraire qu'il faut l'élargir. S'opposer aux armes nucléaires revenait à parer au plus pressé. Les armes bactériologiques ou chimiques, les armes dites conventionnelles ne sont guère plus réjouissantes. En profondeur, le problème de la coexistence des nations doit, dans son ensemble, être repensé.

Quelques centaines de scientifiques, de toutes disciplines, venant de la plupart des États de l'Est et de l'Ouest, se réunirent à Hambourg, en novembre 1986, pour confronter leurs vues à ce propos. Je faisais partie du petit groupe des Français. Il ne s'agissait pas d'échanger des vœux pieux et des déclarations d'amitié, mais d'examiner avec clairvoyance le difficile problème de la résolution des conflits entre groupes d'hommes.

Depuis quelques milliers d'années la solution adoptée a été le recours à la violence. La puissance de destruction aujourd'hui disponible est telle que cette logique n'est plus réaliste à moins d'accepter le suicide général. Il n'est plus possible de faire reposer la sécurité de chacun sur l'insécurité mutuelle. La seule alternative paraît être l'acceptation de la communauté des hommes, chacun comprenant que pour accroître sa propre sécurité, il doit contribuer à la sécurité de l' « autre ». Pour cela mille difficultés doivent être surmontées. Le rôle des scientifiques peut être grand dans la recherche des voies nouvelles à explorer.

Revenant de Hambourg, j'avais l'impression d'avoir participé à un événement. Il n'est pas si fréquent de voir discuter avec sérénité tant d'Américains, de Hongrois, d'Anglais, de Soviétiques, d'Allemands. Cette rencontre allait alimenter les réflexions des journalistes. Hélas! en France aucun de mes journaux habituels n'a fait mention de ce colloque. Une course cycliste ou un match de football avaient sans doute épuisé toute la place disponible.

Un an plus tard, avec quelques collègues, nous posions la première pierre d'une « école de la Paix ». Le lieu choisi : le jardin qui jouxte l'école de Guerre. Ceux qui travaillent dans cette école déclarent hautement que leur objectif n'est plus de gagner une bataille ou une guerre, mais de préserver la paix. Que ne vont-ils au bout de leur logique en modifiant le titre de l'institution et en faisant graver un nouveau fronton. Notre « première pierre » n'avait pour but que de les y inciter. Pourtant, quelques heures plus tard les services municipaux l'avaient fait disparaître.

Aucun média n'a évoqué, même en la ridiculisant, notre initiative. Comment faire pour amener nos concitoyens à réfléchir à ces problèmes lorsque la chape du silence est aussi lourde ?

Vers la non-violence

Échapper à la logique du fou qu'est l'équilibre de la terreur nucléaire est un premier pas dans la bonne direction ; jusqu'où aller dans cette voie ? L'objectif de la survie des hommes ne sera pas atteint tant que tous les moyens de faire la guerre, qu'ils soient « conventionnels » ou non, n'auront pas été éliminés. Il sera atteint quand les raisons de faire la guerre auront disparu. Il faut extirper de l'esprit des hommes l'idée que les différends surgissant entre eux peuvent être résolus par la violence. C'est vrai pour les rapports entre les nations ; cela l'est aussi pour les rapports entre individus, entre groupes sociaux.

Éliminer la violence n'est pas seulement éliminer ses manifestations les plus spectaculaires ; tout aussi insupportable est la violence sournoise subie par ceux qui vivent dans la misère au milieu des nantis, par les chômeurs, par les exclus, par les victimes d'injustices légales. Nous commémorons la Révolution ; la prise de la Bastille n'était-elle pas une manifestation de violence ouverte rendue nécessaire par la violence souterraine des conditions de vie imposées au peuple ? Retour de l'histoire : alors que nous fêtons le deux centième anniversaire de 1789, la violence rebondit. Au mépris dont ils se sentent victimes, les ouvriers répliquent par l'action syndicale, la grève (« Dix de Renault », « Peu-

174

geot ») et le pouvoir répond par les licenciements, la répression. Le processus est le même qu'il y a deux siècles. La cohérence voudrait qu'on ne réprime pas des actes d'aujourd'hui semblables aux actes d'hier que l'on exalte. La sagesse est de détruire les Bastilles avant que les opprimés n'aient à les prendre d'assaut.

Sarah

Juin 1986. Dans le bois de Vincennes, inondé de soleil, c'est la fête de la paix. Des centaines de milliers de personnes ont répondu à l'Appel des Cent. De nombreux stands sont consacrés au danger des armes accumulées pour gagner ou perdre la prochaine guerre. Plus que ne pas être en guerre, vivre la paix c'est faire naître des rapports nouveaux entre les nations, faire en sorte que leurs différends deviennent source d'enrichissement mutuel et non de violence. L'imagination de tous est nécessaire pour construire un monde de demain vivable.

Une conférence de presse se tient à l'écart de la foule. Les responsables de la manifestation, devant caméras et micros, exposent, graves, les enjeux de la journée.

Sarah, quatre ans, l'aînée de mes petites-filles, conduite par ses parents, assiste à l'événement. Soudain elle me reconnaît, échappe à la main maternelle, se faufile entre les jambes des journalistes et les pieds des caméras, se précipite sur moi, m'escalade comme un rocher, se juche sur mes épaules.

Aussitôt, tout est différent. Adieu les belles phrases, les déclarations préparées, les images bien cadrées. Une petite fille monopolise les regards et fait éclore un sourire sur tous les visages. Sa seule présence exprime tous les objectifs de la journée.

Elle vit, elle taquine son grand-père, elle est joyeuse. Comment faire pour que cette joie puisse durer, pour que cette vie ne soit pas broyée un jour prochain par un monde violent, dur, sans pitié ni tendresse, un monde où il n'est question que de course, de domination, de compétition, de puissance?

Sarah est sur mes épaules; je me sens en charge de toutes les petites filles et de tous les petits garçons de la Terre. Il faut construire autrement notre monde.

RESPONSABILITÉ

Une équipe, après bien des tentatives décevantes, met au point la technique de fécondation in vitro. Des enfants naissent de couples que la nature avait faits stériles. La victoire est totale, l'enthousiasme est sans limite. Mais rapidement l'angoisse s'installe. Ces tours de mains dont nous sommes capables pourront un jour être utilisés pour donner un enfant non plus à un couple homme-femme, mais à deux femmes, ou même à une seule femme. Un jour peut-être prochain, ils permettront de réussir un clone donnant à un homme ou à une femme un jumeau plus jeune.

Tout pouvoir n'est pas bon, même s'il est le résultat d'une enthousiasmante avancée scientifique d'une efficacité inouïe. Devant de telles perspectives, il faut donner l'alarme, provoquer la réflexion. Certains scientifiques, comme récemment Jacques Testart, estiment que le meilleur moyen est de faire scandale en proclamant qu'ils renoncent à poursuivre leurs recherches. Leurs travaux débouchent sur des pouvoirs nouveaux. Il faut ne pas les exercer. Pour en convaincre leurs contemporains, ils se retirent du jeu et s'en vont élever des moutons sur quelque Causse. Leur geste attire l'attention. Dans le meilleur des cas, il provoque un étonnement collectif. Ces gestes individuels n'ont d'utilité que relayés par une réflexion de tous. C'est essentiellement pour déclencher cette réflexion qu'a été créé en 1984 le Comité national d'éthique.

Je fus nommé par hasard membre de l'équipe constituant initialement ce Comité. Madame le ministre de la Santé ouvre la radio de sa voiture, entend le premier enregistrement d'une série de « Radioscopies » de Jacques Chancel. J'en suis l'invité. Dès le lendemain elle me demande de passer au ministère et me propose d'être l'expert qu'elle doit désigner à ce Comité.

Je craignais des rencontres guindées entre personnes trop bien élevées pour faire apparaître leurs oppositions. Je fus vite rassuré. Un véritable miracle se produit presque en permanence : trente Français autour d'une table; lorsque l'un prend la parole, tous les autres l'écoutent. Ce phénomène remarquable est dû à l'autorité douce, à base de respect mutuel, exercée par le président.

Jean Bernard représente pour moi le personnage de l'Ensemblier évoqué par Jean Giraudoux dans *Intermezzo*. Celui qui rassemble les éléments du puzzle, leur donne sens et permet une vision globale. Notre culture s'est orientée dans une direction où les « ensembliers » se font de plus en plus rares. Beaucoup de chercheurs pensent que, pour comprendre un problème en profondeur, il faut oublier que d'autres problèmes se posent; ils deviennent des spécialistes; avec le risque de voir cette spécialisation entraîner une désertification de leur pensée. Jean Bernard, tout en restant un maître dans son domaine, l'hématologie, accepte le risque de s'en évader. Il sait s'exprimer en homme qui s'interroge sur le paradoxe humain. Il ose même, dans un de ses derniers livres, s'adresser au seul interlocuteur valable, Dieu. Pas toujours pour le féliciter. Toute la révolte du médecin qui n'a pu empêcher la mort d'un enfant, faute d'avoir compris les mécanisme biologiques à l'œuvre, il l'exprime dans ce cri : « Puisque Vous livrerez à d'autres ces secrets, pourquoi ne pas nous en faire don tout de suite? »

En sa présence les participants à une discussion s'expriment sans réticence. Ils reçoivent une contestation non comme une agression mais comme une aide dans la laborieuse mise au point de leur propre opinion. Le résultat est une convergence souvent inattendue sur des problèmes essentiels. Que de fois le chrétien, plaçant son intervention sous un rappel de l'Évangile, le marxiste commençant par une citation du *Capital*, le généticien s'appuyant sur la réalité biologique, ont abouti à des prises de position pratiquement identiques. La leçon de ces réflexions plurielles, où personne ne cherche à l'emporter sur l'autre mais à mieux assurer sa propre démarche, est que tout repose sur l'adhésion à une définition de l'Homme.

Respecter l'Homme

La plupart des problèmes soumis au Comité amènent en effet à poser la question de toujours : « un homme, qu'est-ce donc? ». L'ambiance des discussions permet d'aller au-delà des phrases toutes faites, au-delà des formulations habituelles rabâchées sans être repensées. On constate alors que l'interrogation est formulée par tous en des termes bien voisins. Y a-t-il réellement une différence entre le chrétien affirmant, à la suite de saint Augustin : « Plus est en moi », le philosophe existentialiste disant, comme Jean-Paul Sartre : « L'Homme est condamné à inventer l'Homme », ou le penseur marxiste admettant, selon la formule de Lucien Sève, que « si l'évolution naturelle a fait Homo, c'est son histoire qui a fait Homo Sapiens »?

Le généticien que je suis constate que son laborieux cheminement le conduit à une réponse identique. Pour le scientifique, un homme est un objet parmi d'autres; vus au microscope électronique ses constituants sont les mêmes que ceux de n'importe quelle structure chimique. Il est un animal parmi d'autres; vues au microscope optique, ses cellules n'ont rien qui les distingue de celles d'autres organismes vivants. Et pourtant, ses performances en font un être à part : il est capable de ne pas subir, de dire non à la nature; seul il sait que demain existera et que demain dépend de lui. Allant au terme de son raisonnement, le biologiste constate que la singularité est moins étrange si l'on suit le raisonnement des physiciens et des logiciens qui voient un lien entre la complexité des structures matérielles et leur capacité d'auto-organisation.

L'introduction de ces deux concepts, la complexité qui caractérise la richesse d'une structure matérielle et l'auto-organisation qui caractérise les processus qui se déroulent en elle, permet une réunification fondamentale de notre regard sur l'univers. Ainsi l'opposition entre l'inanimé et le vivant disparaît au profit de la continuité au long d'une échelle de complexité. Est qualifié de vivant ce qui est suffisamment complexe pour avoir un comportement correspondant, du moins en apparence, à une certaine autonomie. Au cours de l'histoire de la planète, il n'y a pas eu soudaine apparition de la « vie », mais un lent cheminement qui, de façon continue, a fait apparaître du toujours plus complexe. Le problème de la frontière entre ce qui est inanimé et ce qui est vivant est ainsi évacué.

Un cristal est inanimé, une bactérie est vivante. Les forces à l'œuvre qui maintiennent la cohésion du cristal et provoquent sa vibration sous l'effet d'un choc extérieur sont exactement les mêmes dans la bactérie où elles assurent son métabolisme et provoquent ses réactions face aux variations de l'environnement.

Du concept même de « vie », on peut ainsi faire l'économie, éliminer tous les faux problèmes concernant l'apparition de la vie sur la Terre. Il n'y a pas eu événement brutal mais poursuite d'une progression continue qui, à partir d'un certain seuil de complexité, a fait, le plus naturellement du monde, apparaître des pouvoirs d'autonomie nouveaux.

Cela est vrai pour le passage de l'inanimé au vivant, l'est-ce encore pour le passage de l'inconscient au conscient, de l'impensé au pensé ? Il faudrait à ce stade de la réflexion s'entourer de multiples précautions de langage car ces mots n'ont pas seulement leur sens « officiel » tel qu'il peut être précisé par les dictionnaires. Ils évoquent, au plus profond de nous, le mystère de notre moi, à la fois sécrétion de ce qui nous fait et regard sur ce qui nous fait et sur nous-mêmes.

Ce n'est encore qu'un prolongement, une extrapolation où les pointillés de l'imagination se substituent aux lignes rigoureuses et continues de la démonstration : pourquoi ne pas réintégrer le pouvoir de penser au sein du pouvoir de vivre, comme la capacité à vivre peut être ramenée à la capacité d'être?

Nous sommes tout entiers, corps et âme, des produits de l'univers; en l'acceptant, nous ne nous enlevons aucune dignité. Nous donnons à l'univers une immense dignité.

Son système nerveux central fait de chaque homme la structure de loin la plus complexe; il est par conséquent doté de la plus grande capacité d'auto-organisation; à la limite il en devient libre, ou du moins potentiellement libre. Une définition peut, dans cette perspective, être proposée : « L'homme est un animal qui reçoit individuellement le pouvoir de s'attribuer collectivement des pouvoirs. »

Cette vision d'une humanité qui, en quelques centaines de milliers d'années, s'est donné à elle-même ses caractéristiques essentielles, ne contredit ni la foi religieuse ni le rationalisme matérialiste. Pour autant elle n'est pas neutre et apporte un cadre à la réflexion face à des choix difficiles.

Les questions sur lesquelles le Comité d'éthique doit se prononcer sont pour la plupart du type : « doit-on ou ne doit-on pas autoriser telle expérience, tel geste? ». De larges zones peuvent certes être définies où le « oui » et le « non » sont bien clairs. Mais entre ces zones, celle de l'hésitation est large, ses contours sont flous. Surtout – là est sans doute la principale et heureuse leçon que j'ai retirée de ma participation – cette zone d'incertitude ne sera jamais résorbée en totalité.

Elle correspond aux problèmes pour lesquels nous sommes incapables de réaliser pleinement notre cohérence personnelle. Tel est, pour moi, le cas de l'avortement. Je dois constater que je suis à la fois opposé à l'avortement et favorable à son remboursement par la Sécurité sociale. Je proclame cette incohérence.

Pouvoirs à refuser

Elle est la marque de mon incapacité à appréhender avec toutes leurs conséquences les pouvoirs nouveaux que nous nous sommes donnés. Or, ces pouvoirs, résultats des avancées de notre connaissance et de nos techniques, sont de plus en plus effarants. Pendant longtemps l'imagination des poètes, des visionnaires, des auteurs de science-fiction, a caracolé loin devant la réalité. Les scientifiques, les techniciens ne parvenaient à exécuter qu'après de longs délais les prouesses décrites par un Jules Verne ou un Aldous Huxley, rêvant un impossible provisoire.

Aujourd'hui la course s'est inversée. Les ingénieurs et les biologistes rendent possibles des exploits qu'aucun spécialiste de la futurologie n'a encore évoqués. Et nous sommes démunis devant la question : ces prodiges, faut-il ou non les réaliser ?

Il est loin le temps de l'optimisme, lorsque Francis Bacon, au début du XVIIe siècle, affirmait : « L'objectif de la science est de réaliser tout ce qui est possible. » Il nous faut aujourd'hui entendre Albert Einstein s'écriant, comme en écho, le soir de Hiroshima : « Il y a des choses qu'il vaudrait mieux ne pas faire ! »

Réaliser de nouvelles performances pour le seul plaisir de faire face à un défi, de la nature ou des concurrents, n'est plus acceptable. Il est urgent de donner à la recherche scientifique ou technologique une autre fonction que la victoire dans la course à la découverte ou à l'exploit. D'ici quelques années sans doute, des biologistes parviendront à surmonter les obstacles rencontrés dans la réalisation d'un clone humain. Il sera alors possible de donner à qui le désirera un jumeau plus jeune. Cette réussite vaudra le prix Nobel ; quelle en sera l'objectif sinon la fabrication d'un individu, source de pièces de rechange ? Le vieillard qui aura pris la précaution de se doter d'un jumeau plus jeune de cinquante ans pourra lui prendre son cœur et le mettre à la place du sien défaillant. L'identité des systèmes immunologiques favorisera le succès de la greffe.

Au nom de quoi s'opposer à cette abomination? Aucun texte sacré ne prend position à ce sujet. Il nous faut décider nous-mêmes de notre attitude et justifier notre choix. Chaque pouvoir nouveau nécessite une réflexion éthique originale.

Prises à l'improviste par l'avalanche récente de ces possibilités nouvelles, nos sociétés demandent à quelques comités de définir une position jugée raisonnable. Ce ne peut être qu'une solution provisoire. Si « sages » et « savants » qu'en soient les membres, il n'est guère digne pour une collectivité de déléguer à ces assemblées le soin de tracer la frontière entre ce qui est permis et ce qui est défendu, entre le « bien » et le « mal ».

La collectivité tout entière doit se prononcer, non pas en décidant les règles morales par référendum, mais en associant chacun à la réflexion. L'important n'est pas d'aboutir à une opinion commune, à un consensus signe de passivité et d'inintérêt, mais de mettre en commun les éléments qui permettent à chacun de se forger une opinion personnelle.

« Celui qui croyait au ciel, celui qui n'y croyait pas » se retrouvent au coude à coude dans le poème d'Aragon, lorsqu'il faut défendre la liberté. Aujourd'hui, la dignité de l'homme est en cause. Ce qui importe, ce n'est pas le regard sur le ciel, mais le regard sur nous-mêmes. Nous avons, hélas! appris à nous mépriser les uns les autres. C'est tellement plus facile. Si l'autre est méprisable, s'il peut être regardé comme un animal ou comme une machine, rien ne s'oppose à en faire un esclave, une chair à canon, une chair à profit, une chair à plaisir. La réflexion scientifique, par sa démarche nécessairement réductionniste, a parfois contribué à une vision mécaniste de l'homme, structure matérielle faite des mêmes éléments que toute autre structure dans l'univers. Il se trouve qu'en cette fin de siècle, elle nous aide, au contraire, à mieux prendre conscience de la spécificité humaine. Le biologiste retrouve l'émerveillement de saint Thomas d'Aquin affirmant : « Dès qu'il y a un homme, il y a de l'hommerie. »

Les confrontations auxquelles j'ai participé au Comité d'éthique se résument à un constat : la frontière ne passe pas entre ceux qui croient au ciel et ceux qui n'y croient pas, mais entre ceux qui croient en l'Homme et ceux qui n'y croient pas.

Et cette frontière traverse chacun de nous.

Citoyen du Monde

Je suis catalogué aujourd'hui comme « scientifique ». J'ai réalisé un vieux rêve grâce à un caprice du hasard. J'ai rencontré Jean Sutter alors que j'avais enfoui mes attirances de jeunesse comme on tourne une page sur soi-même. A son contact, je retrouvais deux passions, la biologie et les mathématiques. Le hasard, le poids d'un vieux rêve. Deux explications au tournant de ma vie. Tout aussi vraies l'une que l'autre. Je ne peux décider laquelle l'emporte...

Souvent l'attitude des scientifiques est présentée comme spécifique, opposée à celle des hommes « ordinaires ». Il me paraît au contraire de moins en moins possible de dissocier la science de l'activité proprement humaine quelle qu'elle soit. Cherchant à prendre sa vie en main, à la transformer, l'homme cherche à savoir ce qui se cache derrière l'apparence. L'attitude de celui qui veut expliquer pourquoi le soleil se lève et se couche est aussi celle du chasseur, du cultivateur, de tout homme s'interrogeant sur son semblable, celui d'en face, l'autre. Oser s'approcher du feu, le faire jaillir, transformer ce danger en outil, est très exactement l'attitude du scientifique : s'interroger, comprendre, maîtriser. La science ne fait que pousser à l'extrême une attitude fondamentale de l'homme. Être scientifique est simplement être homme.

Pour certains, malheureusement, cela aboutit à l'être

de moins en moins. Ils remplacent la raison d'être de la science par la dérision du paraître. Une attitude très répandue dans notre société. Elle me choque particulièrement chez les scientifiques.

Les plus grands parmi eux ont parfois été assez farfelus. Tous ont fait partie de la cité. L'avenir des hommes ne leur était pas indifférent. Ils s'adressaient à eux et prenaient position. A quatre-vingt-dix ans, Bertrand Russel était encore capable de participer à des « sit-in » dans les rues de Londres, d'organiser des meetings contre le risque de guerre nucléaire. Archimède, Pascal, Einstein, tous se sentaient responsables de leur société.

Aurais-je osé tenter de défendre les causes que je crois bonnes si je n'avais pas été un « scientifique »? Il me semble que non. J'étais prêt à devenir inspecteur général après avoir été ingénieur en chef... et, pourquoi pas, un jour directeur général? Et à en être satisfait. Les fables de La Fontaine éclairent parfois d'une lumière inattendue les situations dont nous ne savons plus voir le ridicule; *L'Ane portant des reliques* est éloquente : les reliques d'un grand saint sont installées sur le bât d'un âne. A son passage, les hommes et les femmes se prosternent. Gonflé d'orgueil, l'âne pense : enfin ils ont compris qui j'étais!...

Après avoir passé une partie de ma vie à mettre au point une stratégie pour « décrocher » de nouveaux honneurs, je pouvais devenir cet âne prenant pour lui-même des compliments qui s'adressent à ce qu'il porte, titres ou habits, non à ce qu'il est.

Mes interrogations m'ont fait échapper à cette tentation. Je m'efforce de prendre part à la vie de mon pays. Mes engagements sont-ils tous justes? Au moins je les prends. J'essaie de mettre en bouquet l'empreinte initiale qu'a inscrite en moi l'Évangile et mes rencontres avec d'autres hommes. Bien qu'insuffisamment, j'ai regardé les autres. Bien que partiellement, j'ai écouté ce qu'ils m'apportaient. J'ai pu le faire car j'avais entendu dans l'Évangile quelques phrases où il est question de « prochain ». Comme il est difficile d'être proche! Comme il est difficile de « rencontrer ». Le

Requiem me permet de rencontrer Mozart. Mieux qu'avec des mots, il me dit son amour de la vie, alors que la mort est là, son angoisse d'être si fragile, alors que la force de sa passion est intacte. Qu'un homme ait pu exprimer cette déchirure, que je puisse l'entendre, et d'autres avec moi, n'est-ce pas plus qu'un miracle? Vincent Van Gogh. Il suffit, pour le rencontrer, d'entrer dans le petit cimetière d'Auvers-sur-Oise, tout en haut du village, là où commence le plateau sans fin. Blottie contre le mur, la tombe de Vincent et de Théo. Derrière le mur, à perte de vue, les champs de blé, ceux du *Champ de blé aux corbeaux*, ceux où, un jour de juillet, il alla se suicider. Ce lieu recèle une présence, qui nargue la mort. Van Gogh est en moi, me possède, tisse les liens entre moi et tous ceux qui ressentent la même émotion.

Chrétien?

A dix-huit ans, je voulais être le premier. J'ai failli m'enfermer dans le confort étroit d'un métier où seule compte la réussite. J'ai eu la chance d'exercer un métier inconfortable où autre chose importe. Peut-on étudier l'homme en ne regardant que les métabolismes ou les groupes sanguins, sans s'interroger au-delà? Toujours, on se heurte à ce constat : l'homme est un primate, mais...

Le cheminement scientifique consiste à remplacer la réalité par un discours; pour condenser ce discours, on remplace les mots par des symboles; puis on démontre de belles équations exprimant les rapports entre ces symboles. Je pense à ce tableau de Magritte représentant avec beaucoup de réalisme une pipe et intitulé *Ceci n'est pas une pipe*. Le mathématicien sait bien, au départ, que « ceci n'est pas une droite, pas un cercle » aussi bien dessinés soient-ils. Le physicien sait bien qu'un électron n'est pas exactement l'objet décrit par ses paramètres. Que sait le biologiste, le généticien d'un homme? Ce qu'il décrit, si savant soit-il, « n'est pas un homme ». J'en ressens à la fois humilité et orgueil. Car ceci « n'est pas moi ». Je suis bien plus!

Très jeune, j'avais été frappé par une phrase d'un certain Pierre Lermitte : « S'installe-t-on dans une chambre d'hôtel? Pourquoi s'installer dans la vie? » Elle aurait pu être prononcée par un curé du XIXᵉ siècle invitant ses fidèles à préparer l'au-delà. Aujourd'hui cette phrase a un goût de fiel. Sans doute ne faut-il pas s'installer dans la vie, mais je sais qu'il faut la prendre au sérieux, la vivre réellement. L'Évangile est présent. « Vous êtes chrétien, donc vous croyez en Dieu » Que répondre? Chrétien, cela signifie que d'autres m'ont transmis ce qu'a dit, il y a deux mille ans, un homme, Jésus surnommé le « Christ », et je les ai entendus. Ses paroles auraient pu être prononcées par d'autres. Qu'importe! Il me parle de l'homme, de ce que chaque homme peut faire pour être encore plus homme, de l'amour. Très peu de Dieu.

Croire. Que signifie ce mot? Le physicien ne « croit » guère en l'électron. L'astronome ne croit guère en l'attraction gravitationnelle; la loi de Newton lui permet de calculer avec précision le mouvement à venir des astres; c'est un constat, non une croyance.

Dieu. Quoi que je fasse, le mot évoque en moi le vieux barbu des cathédrales, sculpté à notre image. Invention humaine dont je dois me débarrasser. Tuer le père, c'est d'abord tuer Dieu-le-père. Sous les statues du « Pan Creator », il faut écrire : « ceci n'est pas le Créateur ». Les musulmans s'interdisent toute représentation de Dieu. Les juifs refusent de prononcer son nom. Je les envie.

J'ai besoin d'un au-delà de l'univers, de l'espace, du temps, de moi. Je ne lui discerne aucune forme. Il est indicible. Je n'ai pas à remettre mon sort entre ses mains.

Aujourd'hui l'humanité est faite par les hommes au profit de quelques-uns. Si un jour elle était faite par les hommes au profit de tous les hommes, resterait-il des démunis?

Faire mon métier, c'est contribuer à cette transformation.

Et après...

Lorsque Maman nous racontait une histoire, une expression revenait comme un leitmotiv, pour rythmer les rebondissements de l'action : « Voilà-t-il pas que... ». La princesse s'endormait empoisonnée, et voilà-t-il pas que le prince charmant arrivait sur son cheval blanc. La vie d'un homme pourrait se raconter de la même façon : « Il allait s'endormir dans la satisfaction d'être polytechnicien, de réussir sa carrière et voilà-t-il pas que... il rencontra Alix... »

Que de tournants imprévus, d'impulsions décisives ! La voie initiale a été quittée depuis bien longtemps, les carrefours se sont succédé, occasions d'orientations nouvelles. Le point de départ semble perdu dans le lointain. Le jour présent porte-t-il encore des traces d'avant-hier ?

La réponse, si je m'efforce d'être honnête, est qu'avant-hier est étonnamment présent. Je crois déboucher sur un nouvel horizon, découvrir une nouvelle clairière, et je retrouve des paysages d'autrefois.

Dernièrement un ancien camarade du collège de Gray, oublié depuis l'été du bac, m'a envoyé des cahiers retrouvés dans une malle. Des résumés des cours de philo que je faisais à quelques camarades, prêtés il y a quarante-cinq ans et dont j'avais perdu tout souvenir. Le premier regard me laissa effaré. Je croyais mes idées lentement forgées, mes formulations méticuleusement mises au point, fruits de réflexions éten-

dues sur des années. Elles sont pourtant déjà écrites dans ces cahiers d'écolier, soigneusement classées, répertoriées, numérotées, soulignées de traits rouges ou noirs selon leur importance. Sans le savoir n'ai-je fait, tout au long de ces années, que puiser dans le trésor initial, amassé par le bon élève que j'étais à dix-sept ans ?

La réalité est plus nuancée. Ce trésor se compose surtout d'un amoncellement d'idées non digérées, un fatras où le meilleur et le pire se côtoient. Rien ne s'y trouve sérieusement soumis à critique. Tout au long des années qui ont suivi, j'ai éliminé, oublié, retrouvé, transformé des idées reçues en idées vécues, et surtout en idées à faire vivre, à partager. Telle attitude intérieure que je croyais récente peut être rattachée à une source enfouie dans mes souvenirs de jeunesse; le constater n'est pas revenir au point de départ. Ce n'était alors qu'un balbutiement, une hésitation; le cheminement d'une vie l'a transformé en un engagement motivé ou en un refus motivé.

Elle est loin de moi ma naïveté de petit Français catholique, attaché à sa patrie et à sa religion. Il m'est difficile de pardonner à ceux qui m'ont fait croire en ces fausses valeurs. Ils n'y croyaient pas eux-mêmes, mais je les ai pris au sérieux. J'en veux surtout à l'Église qui cherchait à m'enfermer dans le carcan de ses interdits, donnant un goût amer de péché à ce qui n'était que découverte de la vie et de ses émotions, transformant les vastes horizons de l'Évangile en une religion étriquée.

Parmi tous ces prêtres qui ne faisaient que leur « métier », l'un émerge pourtant de mon souvenir. Il était porteur d'un autre message. Sur le moment je ne l'ai pas compris; il me semble l'entendre seulement aujourd'hui. Le père Émile Rideau était chargé d'enseigner la philo à Sainte-Geneviève; sportif, taillé à la hache, sans une once de la fameuse onction ecclésiastique, il était tout le contraire de l'image type d'un père jésuite. Il essayait de provoquer la réflexion, tâche ingrate avec de jeunes taupins uniquement obsédés par la réussite au prochain concours. Spécialiste de Teilhard de Chardin et de Valéry, il déroulait devant nous le cheminement d'une pensée dont les protubérances inattendues m'effrayaient. Je m'efforçais d'échapper à une influence qui aurait provoqué trop d'orages intérieurs. Ces sujets n'étaient pas au programme des concours. J'avais besoin de tranquillité.

Aujourd'hui je retrouve, dans des idées que je croyais personnelles, l'impact de sa pensée. Avec lui, comme avec combien d'autres, j'ai été plus poreux que je ne l'imaginais.

Étrange constat : je suis plus vieux que mon père. L'âge que j'ai, il ne l'a jamais atteint. J'ai pu accumuler une expérience plus longue que la sienne. Il était un homme d'autrefois, avec ses certitudes et ses doutes. Quel homme suis-je, avec quels doutes, quelles certitudes, dans un monde qui a changé ?

Je suis né sur une très grande planète. Seuls en avaient fait le tour quelques marins audacieux, comme Magellan, ou quelques excentriques mythiques comme Philéas Fogg. Presque tous les hommes s'imaginaient la Terre plate, immense, peut-être infinie, et rien ne leur prouvait le contraire. Leur nombre venait de s'accroître, depuis quelques siècles pour atteindre à peine deux milliards ; il y avait de la place pour tous ; des zones entières de la mappemonde étaient encore désignées comme « Terra incognita ». Ils avaient inventé des techniques leur donnant des pouvoirs nouveaux. Ils les trouvaient fabuleux, les admiraient plus qu'ils ne les craignaient. Ces pouvoirs restaient insignifiants face aux forces et aux capacités de la planète. Même les monstrueuses orgies de violence qu'ils avaient provoquées à Verdun ou ailleurs n'étaient pour celle-ci que piqûres d'épingle.

Mes petits-enfants naissent sur une planète minuscule. En faire le tour n'est pas un exploit ; il suffit d'un peu d'argent et de quelques dizaines d'heures. New York est moins loin de Paris que n'était Le Havre au siècle dernier. Presque tous les hommes savent qu'ils vivent sur une boule tournant dans l'espace. Leur nombre brusquement a triplé et va encore doubler. Ils saturent la Terre à un point tel que procréer, considéré depuis toujours comme un devoir, est devenu pour beaucoup un droit rigoureusement limité. Leur technologie a fait des bonds qui mettent entre leurs mains une puissance supérieure à celle des forces de la nature. Sous leurs coups, la Terre se transforme, les océans changent de couleur, les équilibres d'autrefois basculent. Tout est prêt pour le coup d'estoc décisif, final.

Nous avons changé de planète, mais tous les réflexes lentement acquis depuis l'aube de l'humanité, toutes les organisations peu à peu mises au point pour parvenir à vivre ensemble, sont restées les mêmes, et nous fourvoient. Lancez une pierre au milieu d'un lac, les vagues puissantes s'atténuent en s'éloignant ; arrivées au rivage, elles ne sont plus qu'ondes insignifiantes. Le choc initial a été absorbé, sans conséquences pour les équilibres globaux. Le nageur du lac est à peine perturbé. Lancez la même pierre dans un bassin creusé dans le roc. Les ondes arrivant sur les bords sont d'une telle amplitude qu'elles sont réfléchies, reviennent vers le centre, interfèrent avec les autres, ajoutent leurs puissances, créent une tempête. Le nageur du bassin est submergé. La cause est la même, mais les « conditions aux limites » comme disent les mathématiciens, sont différentes ; le processus a un tout autre déroulement.

Par notre nombre, par notre efficacité, nous venons de changer les « conditions aux limites » sur notre Terre. Il nous faut réviser tous nos raisonnements. Comment organiser la coexistence de groupes humains aux choix philosophiques, religieux, économiques, politiques, différents ? La méthode employée depuis quelques millénaires s'est avérée jusqu'ici suffisante. Le plus fort élimine, détruit ou absorbe le plus faible, et le problème est réglé. Cette méthode est dépassée. Le faible comme le fort peut détruire l'adversaire. La puissance des armes disponibles est telle qu'après avoir annihilé la cible, elles se retournent contre l'agresseur. Devenues des boomerangs, elles nous permettent de tuer, au prix de notre suicide. Rien ne manque pour réaliser l'explosion finale. Les caves blindées emplies de coffres-forts, où les hommes entassent leurs richesses, échapperont à la destruction; mais des hommes, il n'y en aura plus.

Comment organiser autrement la planète, notre propriété de famille à tous? Ce devrait être la préoccupation première. La survie de l'humanité n'est nullement assurée; nous agissons chaque jour comme si elle avait moins d'importance que la victoire de tel groupe, de telle idéologie, de telle structure sociale. Les pouvoirs établis ne pensent qu'à préserver leur puissance ou leur richesse. Ils s'efforcent de crétiniser les foules, les gavent de jeux stupides, les font se passionner pour les amours de princesses d'opérette à Londres ou à Monaco, leur présentent d'écœurantes opérations publicitaires, tel le rallye Paris-Dakar, comme d'exaltantes aventures. Tout est mensonge; tout est soumis à l'argent. Pendant ces jeux de cirque les menaces de destruction de la planète s'accumulent.

La nature a fait ce qu'elle a pu. Au terme de milliards d'années, elle a réalisé une multitude d'objets fort divers. Parmi eux les êtres dits « vivants ». Parmi ces vivants, l'Homme. Depuis qu'il est apparu, elle l'a laissé prendre son relais. Il en était capable. Le résultat, aujourd'hui, est loin d'être à la hauteur de l'Homme. Il est « plus que lui-même », il est une merveille, mais il ne le sait pas. Au lieu de prendre son destin en main, il l'a confié hier à quelques dieux; il l'abandonne aujourd'hui à quelques puissances occultes, dont on ne connaît que les paravents. Les hommes ne sont guère dupes, et pourtant, ils acceptent de ne pas réagir. Cette fin de siècle, cette fin de millénaire a les allures d'un crépuscule.

Depuis qu'il est apparu, l'homme a vécu son enfance. Son étonnement initial face au chaos apparent des choses est devenu peu à peu compréhension des forces à l'œuvre. Définies, mesurées, apprivoisées, ces forces ont été soumises à nos objectifs. Nous nous en sommes émerveillés, comme un enfant heureux de sa domination progressivement obtenue sur ce qui l'entoure. Pour réaliser nos jeux, toujours plus subtils et plus violents, nous avons eu besoin de ressources toujours plus grandes. Notre mère, la Terre, était là pour nous les fournir, sans compter.

Aujourd'hui tout change. En quelques dizaines d'années, le temps d'un éclair en regard de l'âge de l'humanité, nos pouvoirs se sont accrus de plusieurs ordres de grandeur. La consommation effrénée des ressources de la planète provoque une pollution irréversible et épuise en quelques décennies des richesses accumulées depuis la formation du globe.

Le temps du jeu est fini. Mais il était si agréable de jouer, en particulier de jouer à la guerre! Comme un adolescent qui refuse le douloureux passage à l'âge adulte, l'homme accepte mal la révolution nécessaire. Ses habitudes de pensée, ses organisations collectives le poussent à se comporter « comme avant ».

La Terre des hommes aujourd'hui n'est qu'une première ébauche. Il est temps, il est plus que temps, de recommencer un autre essai. Pourquoi, cette fois, ne serait-il pas réussi? Pourquoi tout petit d'homme, quel que soit le point de la planète où il est né, ne pourrait-il disposer, tout au long de sa vie, de l'apport lui permettant de se choisir un destin et de commencer à le réaliser? Pourquoi les conflits apparus, entre les individus ou entre les groupes, ne seraient-ils pas résolus en excluant tout recours à la violence?

Si nous le voulons, si nous savons tirer parti de la première expérience, si chacun accepte de penser par lui-même et s'en donne les moyens, l'entrée dans le prochain millénaire peut resplendir pour tous comme une aurore. Rien ne s'y oppose, sinon notre passivité, notre acceptation aveugle du pouvoir de la force et de l'argent, et surtout notre difficulté d'agir.

Agir fait peur. On se trouve face à soi-même. Le roi est nu, je suis nu. Vais-je faire une erreur? Vais-je faire un acte vain? Mes actes ne vont-ils pas trahir mes objectifs?

Agir c'est plonger, faire basculer la réalité, rencontrer un absolu, se comprendre mortel et donner sa chance à la vie. Donner, qu'il est beau, qu'il est difficile de donner !

Les chemins de la réflexion, douloureux méandres, ne sont que jeux inutiles si, de balise en balise, ils n'aboutissent pas à la bifurcation du passage à l'acte.

Construire une nouvelle Terre des hommes, j'aimerais participer à cette métamorphose, faire en sorte que mes petits-enfants puissent vivre sur une planète assagie. Pour moi, maintenant, vivre sera surtout préparer des demain où je ne serai pas.

Raconter un itinéraire ne peut être qu'une imposture si l'on s'en tient au monologue. Le dialogue, s'il est partagé avec franchise, peut permettre de débusquer les autocomplaisances, de déceler les maillons manquants, de faire resurgir des détails occultés, car déplaisants. Pour cela il faut un interlocuteur à la fois amical, attentif et critique.

Hélène Amblard a su être cet interlocuteur. Ce livre est le produit d'une rencontre. Le « je » qui s'y exprime n'a pu le faire que grâce aux « tu » qu'elle lui a adressé.

L'initiative de cet autoportrait n'est évidemment pas venue de moi : Nils Warolin en a été l'instigateur et je tiens à le remercier.

TABLE

Achevé d'imprimer en mars 1991.
N° d'édition : 13110.
N° d'imprimeur : 991.
Dépôt légal : avril 1991.